Crece: decisiones que hacen historia

Alberto Cárdenas Aldrete

Crece: decisiones que hacen historia

Primera edición: junio, 2023

D.R. © 2023, Alberto Cárdenas Aldrete

Coautores en artículos seleccionados: Mauricio Cárdenas, Hugo Cantú, Claudio Cárdenas, Veronika Khadarenka y María Andrea Posada

Dirección editorial: María Andrea Posada

Diseño de portada: Alexa Franco Enríquez y José Alejandro González Navarro

Diseño y formación: Soto Comunicación Gráfica

Edición y corrección de estilo: María del Rocío Chávez y Arturo Soto

Primera edición: 2023

Salexperts. Consultoría en estrategia de ventas. Paseo Elizabeth 3316, Ampliación Valle del Mirador, C.P. 66260, San Pedro Garza García, Nuevo León. www.salexperts.com

Impreso por Quadcolor Impresos, Privada A, Número 1010, colonia Buenos Aires, C.P. 64800, Monterrey, Nuevo León. www.quadcolor.pro

Impreso en México – *Printed in México*

Índice

Prólogo

Durante años (19 para ser exactos), hacer equipo con Alberto, un extraordinario ser humano, consultor, estratega, escritor, articulista y visionario, a mí y a un sinnúmero de colaboradores nos ha permitido ser parte de esa misión que, como consultores, nos ha facilitado ayudar a las empresas a crecer en muchos aspectos, no solo en lo comercial. Compartir la experiencia, que es producto de tantas colaboraciones en diferentes industrias, ha sido un gran aprendizaje, pero sobre todo es un gozo ver cómo se ha podido expandir a tantas personas. Y hoy, tú, lector, serás ese hilo conductor que, además de disfrutar de estos temas, podrás llevarlos a tu vida profesional y aplicarlos. El autor de este libro, Alberto Cárdenas Aldrete y otros colaboradores, han sido muy puntuales al abordar temas de vanguardia, investigar y desde su experiencia, poder sugerir y dar la pauta para que su audiencia los enfrente desde otra perspectiva.

Los artículos, aunque de temas diferentes, terminan entrelazados. Esto es producto de una gran experiencia a la hora de ser seleccionados por el autor. Los cambios tan constantes en los últimos tiempos nos orillan a estar capacitados para hacerles frente, así que la lectura de este libro es una herramienta poderosa. Este compilado de artículos, estoy seguro, se convertirá en un apoyo y una base teórica para mantenerte actualizado, no sólo en lo profesional, sino también en lo personal. Es algo que debes tomar muy en cuenta, pues si anímicamente no estás en paz, se reflejará en tus decisiones y resultados.

Cada historia aquí contada te pondrá frente a situaciones que ya has vivido o estás por vivir. Te hará recordar cuál fue la solución que diste en su momento y así analizarás si estuvo bien o si debiste hacer algo diferente. *Crece: decisiones que hacen historia* tiene la misión de compartir y ayudarte a definir el rumbo estratégico en tu empresa, apoyarte a estructurar el área comercial mediante casos reales, que son similares o iguales a los que tú podrías estar viviendo en este momento. Por eso, sé que la lectura de este libro que estás por iniciar aclarará tus necesidades y cómo resolverlas. No me queda más que dejarte disfrutar de este gran libro, pero sobre todo... desearte expansión y llevar tu conocimiento a otro nivel.

¡Disfrútalo!

Hugo Cantú

A mis hermanos: Mauricio, el superhéroe, y a Paco, el toro fuerte, quienes eran y siguen siendo un ejemplo a seguir.

Mauricio, el superhéroe

Mauricio Cárdenas descansa en paz desde la semana pasada, debido al cáncer. Mauricio fue un superhéroe, ¿podrás tú ser uno más? Él no podía volar como Superman, no tenía la fuerza de Hulk ni tampoco podía correr a velocidad de la luz como Flash; pero igual que estos, usaba todos sus poderes para hacer el bien a los demás.

Un superhéroe es valiente

En las condolencias, escuché decir a una persona que Mauricio había perdido la batalla contra el cáncer. Yo pienso completamente diferente, la derrota o la victoria la determina la forma en la que libras la batalla, el resultado final corresponde a Dios. Mauricio fue valiente, ya que ante el miedo natural de saber que no le quedaba mucho tiempo de vida, nunca dejó de irradiar amor, mostrar fortaleza y alegrarnos con su gran sentido del humor, transmitiendo paz a su alrededor. Mauricio, sin duda, GANÓ la batalla contra el cáncer.

Un superhéroe es generoso

En Salexperts, donde trabajaba como socio consultor, era el gurú al que todo mundo acudíamos para escuchar su opinión. En 18 años, nadie en la firma escuchó un "no puedo" por parte de Mauricio. Sin importar el trabajo que ya tuviera, dejaba lo que estuviera haciendo para acudir, cual superhéroe, al rescate del que lo necesitara.

Un superhéroe tiene ideales

El ideal de Mauricio era su familia. Nunca persiguió el reconocimiento, fama o nada que el ego requiriera, su único objetivo era dar amor a su familia y que esta estuviera bien. Tuvimos una llamada una semana antes de que muriera, por primera vez dijo que le quedaban pocos días. En esta conversación, nunca se quejó por su suerte; todo lo contrario, dio gracias por lo que tiene. Con la voz cortada me compartió: "gracias a Dios que no le pasó a María Luisa (hija), Alfonso (hijo) o a Cecy (su esposa)".

Un superhéroe es comprometido

Los superhéroes parecen no descansar, quien durante el día es Bruce Wayne, en la noche es Batman. De la misma manera, Mauricio siempre fue el consultor que trabajaba más horas que los demás. Los que me conocen, saben que trabajo mucho, pero nunca pude tener más horas que él. No descansaba mientras tuviera una importante misión que cumplir.

Una persona que es generosa, con valores, trabajadora, valiente, comprometida, amorosa y al mismo tiempo alegre. ¿No es un superhéroe?

Tal vez tú seas un superhéroe y no te has dado cuenta. Me parece que te han vendido mal la idea, es probable que no te sientas así porque no tienes ni el dinero de Musk o la fama de Checo Pérez. Sin ir tan lejos, tal vez no tienes la casa de tu vecino, el viaje de tu amigo o el empleo de tu compadre y solo por eso te sientas menos.

Mauricio nos deja la enseñanza de que no necesitamos de esas futilidades para ser un superhéroe. Sigamos su ejemplo y podremos dejar un mundo mejor que como lo recibimos. Sigamos su ejemplo y podremos llegar a donde se encuentra, a estar en presencia de Dios.

¡Sé un superhéroe!

PACO

Este pasado 24 de diciembre, mi hermano Francisco tuvo un fatal accidente de carretera. Fue una terrible navidad. Ante acontecimientos de este calibre, nuestras reacciones determinan realmente quiénes somos. Siempre se ha comentado que los problemas sacan lo mejor o lo peor de cada uno de nosotros; debido a lo sucedido con Paco, tuve la oportunidad de profundizar en ello.

Paco tenía algunos años sin poder caminar por un problema de la espalda. En alguna ocasión platicamos sobre cómo se sentía y dijo estar agradecido. Le pregunté por qué y me respondió: "Porque voy a salir adelante desde esta silla de ruedas; así que, en un futuro, cuando mis hijos piensen que la vida es dura, vean mi ejemplo y realmente valoren lo que tienen para conseguir su éxito".

Encontrar una postura valiosa, que te ayude a ser mejor persona dentro de un gran problema, eso es un verdadero ejemplo. Si has estado en situaciones similares, probablemente hayas sentido la misma reacción que tenemos muchos, como el sentirse culpable o buscar otros culpables a nuestro alrededor o en el cielo. Si lo sentiste, no te preocupes, es lo común; lo difícil es dar gracias por lo que sí tienes y usarlo para crecer.

Al final de la misa para Francisco, sus hijos Karla y Paco dieron un pequeño y sentido discurso. Al escucharlos, sabía que mi hermano estaba hablando a través de ellos. Su mensaje, en resumen, era "Haré que, desde el cielo, te sientas orgulloso de cómo vivimos con tu ejemplo".

¡Esa es la postura correcta! Así, Paco estará más tranquilo en el cielo y sus hijos tendrán la oportunidad de mejorar. La postura correcta es qué voy a hacer diferente, dejémoslos descansar en paz observándonos ser mejores personas. No solo eso de que nuestros fallecidos nos cuiden desde el cielo, nosotros seremos quienes cuiden su memoria desde el plano de la acción.

Este aprendizaje me ayudó este domingo pasado, cuando subí la montaña más cansada que me ha tocado en mi corta trayectoria de senderista. Solo de subida fueron cinco horas, ascendiendo 1,300 metros, a menos cuatro grados centígrados. Para la mitad del camino me quería dar por vencido. Sentía que mis pies pesaban como cemento y a cada paso me preguntaba "¿cuál es la canija necesidad de seguir?" Pero, en un momento, Paco vino a mi mente y pensé "Va en tu honor, hermano: los pasos que ya no podrás dar, los daré yo siguiendo tu ejemplo". Así fue que llegué.

Algo similar me pasó con la muerte de mi papá hace cuatro años. Apagué mi último cigarro en su velorio. "En tu honor, viejo", acordé conmigo mismo y lo he cumplido.

Si eres un vendedor y atraviesas por un mal momento, vas a necesitar acudir a un buen motivo para no rendirte y seguir adelante. ¿Cuál es ese motivo? Si no lo tienes claro, encuéntralo. ¿Será tu familia? ¿Tu legado? ¿Dios? ¿Tu pareja? Cada vez que logres superar ese problema, serás una mejor persona.

Si eres empresario, también tu empresa tiene ese fundamento: ¿Cómo tus productos van a beneficiar a tus clientes? ¿Cómo van a dejar un mundo mejor? ¿Cuál es el verdadero propósito de la empresa (el que se vive, no el que se dice)? Todo empresario exitoso ha tenido que atravesar problemas muy graves siguiendo su sueño, su fundamento.

Qué fácil es sentirnos motivados cuando empezamos un camino, y más fácil aún cuando las cosas empiezan a salirnos bien. Esos buenos momentos, claro que te ayudan a crecer. Pero cuando lleguen los problemas graves, cuando sintamos que queremos darnos por vencidos, y salgamos adelante, apoyados en nuestro fundamento, adquiriremos una valía que nos hará únicos.

Introducción general

Hace 19 años, estaba tomando un café en el mezanine de un Starbucks. Había ido a meditar sobre el crecimiento de Salexperts. En ese momento estaba asesorando a tres empresas simultáneamente y veía una gran oportunidad para una firma de alta especialización en ventas, aunque en ese entonces no existían en el país firmas con ese enfoque. Esos primeros proyectos llegaron sin haberlos buscado; los tres se generaron a través de amigos o conocidos, así que la demanda en conocimiento experto comercial parecía evidente.

Fui sin compañía a tomar ese café, ya que debía decidir si crecía la organización o me quedaba solo como consultor. Ya para cuando me senté a tomar el primer café, la decisión de crecer estaba confirmada, no había mucho que pensar. Salexperts, desde que nació, estaba destinada a crecer y perdurar en el tiempo, ayudando a muchos empresarios a hacer crecer sus empresas.

Ante el rápido crecimiento la duda, en ese momento, consistía en: a quién contratar y si debía hacerse de inmediato o esperar un poco. Cuando la empresa es de una sola persona, contratar a la primera significa que el 50% del equipo va a ser de reciente ingreso. Esto te puede catapultar o hundir.

En ésas andaba cuando fui por mi segundo café y en la fila me encontré a Hugo Cantú. Él había sido el ejecutivo más brillante, en capacidad y luz propia, que había conocido en mis tiempos de director comercial. El destino dirían algunos, o Dios diría un servidor, se manifiesta varias veces a lo largo del camino y en esta ocasión así fue. Hugo regresaba ese mismo día a la ciudad, tras varios años de estar fuera, y justo estaba en búsqueda de un nuevo reto. A partir de ahí, la dirección general de Salexperts es la suma de los dos.

Un par de años después, ante la entrada de proyectos importantes, requeríamos reforzar el equipo. Mucho talento ha pasado por Salexperts, pero ahora requeríamos a alguien de gran capacidad, que pudiera llevar proyectos por sí mismo, y el destino se volvió a manifestar, mi hermano Mauricio (que en paz descanse) acababa su aventura en Mérida y ahora buscaba un nuevo reto. Siendo licenciado en Mercadotecnia, al incorporarse nos aportó mucha estructura en procesos comerciales y de marketing claves.

Fuimos los tres quienes desarrollaríamos la firma, junto con su base teórica y procesos que la sostienen. Hemos pasado muchas crisis, pero nunca dejamos de tener la capacidad de reír ante éstas y hemos sabido disfrutar los triunfos, que afortunadamente han sido más. Todo el tiempo hemos sido compañeros, socios y amigos, igual de amigos en el trabajo que fuera de él. La vocación para servir a los clientes, la generosidad para tratar a todas las personas y las ganas de dejar el mundo mejor que como lo recibimos, que ahora es parte de la cultura de la empresa, es producto de nosotros tres.

1

INTRODUCCIÓN A LA ESTRATEGIA COMERCIAL

Introducción a la estrategia comercial

Aunque el primer cliente de la firma fue AT&T, realmente el crecimiento importante al inicio fue con los periódicos. Hugo y yo habíamos coincidido en el Periódico El Norte y nos había tocado vivir la experiencia de su crecimiento en CDMX y Guadalajara, así que teníamos algo que aportar a la industria. Mauricio había estado en una empresa de logística, así que aportó además esa perspectiva en la solución ofrecida.

Debido a nuestra experiencia, decidimos tener un enfoque especializado en circulación para diarios. Gracias a esta hipersegmentación, nos convertimos, en pocos años, en la consultoría con mayor experiencia y casos de éxito en ese segmento para todo Latinoamérica y gracias a esto viajamos por 8 países.

Ya que logramos esa distinción en la industria, empezamos a ayudar a nuestro mercado con la reingeniería de la fuerza de venta de publicidad bajo una visión de "categorías", lo que significa una agrupación de clientes en función del giro al que se dedican, lo cual a lo largo del tiempo ha evolucionado en nuestro modelo acutal: clientecéntrico.

En este movimiento extendimos nuestros servicios, pero mantuvimos el mismo mercado lo cual, a nivel estratégico, implica un riesgo moderado. En algún artículo verás que no puedes mover ambos factores (mercado y producto) al mismo tiempo sin poner en riesgo tu compañía.

Pasados algunos años, ante el declive del sector de periódicos, decidimos desarrollar el mercado empresarial con todo lo que habíamos aprendido en éstos, ya que trabajando con ejemplares y suscripciones, profundizamos en el conocimiento del proceso comercial B2C, y con la fuerza de venta de publicidad el B2B. Trabajar con periódicos nos ha bendecido con aprendizaje y, sobre todo, muchos amigos.

En el mercado empresarial, encontramos un campo fértil en nuestra especialización, que es ayudar a las empresas a crecer desde dos perspectivas:

1. La estrategia general, donde alineábamos el mercado con la oferta de valor y su posicionamiento.
2. La estratégica comercial, donde diseñamos la ingeniería de la fuerza de venta.

Con mucho orgullo puedo decir que durante este periodo hemos desarrollado una base teórica propia y única en el mundo con nuestros modelos. Dos ciclos de valor: CGP Y CCO, Modelo Demanda Cobertura, Modelo de Intensidad y Modelo (#%$) de implementación comercial, entre otros.

Hasta ahora he contado cómo hemos desarrollado el producto, pero ¿y la comercialización? Hay una línea importante en la estrategia comercial de Salexperts.

Esta es que no vendemos, sino que nos compran. Esto no implica sentarnos en la silla y esperar la llamada, sino una intensa labor de marketing, un seguimiento riguroso a las oportunidades generadas, más una generosa labor de generar contenido y compartirlo.

En estos años Salexperts ha evolucionado su estrategia, de tal manera, que si se hubiera mantenido en el punto que se originó, hoy no existiría, ya que los periódicos representan el 0% de los ingresos. Esta evolución ordenada nos ha permitido ser la consultoría especializada en ventas con más casos de éxito en el país, y probablemente en Latinoamérica.

2

ESTRATEGIA
COMERCIAL

¿A qué te dedicas?

Aunque esa pregunta sea muy común, poco sofisticada y no denote estrategia casi desde ningún ángulo que la veas, responderla adecuadamente puede salvar tu empresa, tu profesión o tu éxito personal. FAMSA no la respondió correctamente y ya vimos cómo terminó.

Una forma elegante de decirlo, para quien quiera verse muy inteligente en la próxima cena pospandémica con sus compadres, podría ser: "Start with why" (Simón Sinek con el video más visto en Ted Talks). También podría utilizar otros términos estratégicos comunes como: ¿cuál es el propósito de tu empresa? O, ya con una copa de vino, ¿cuál es tu misión en la vida?

En Salexperts, durante el camino de casi diecisiete años de plantear estrategias comerciales para empresas, hemos encontrado que se puede simplificar de una forma tan sencilla como poderosa. Para formularla, se usan dos grandes componentes: cuál es tu mercado y cuál es el valor diferenciado que le quieres dar. Dicho de otra forma, a quién le voy a mejorar la vida y cómo voy a lograrlo.

Aparentemente todo lo anterior es muy sencillo, pero resulta poco creíble que empresas muy grandes hagan tan mal algo tan importante. Te comparto algunas historias que tal vez te ayuden a recapacitar sobre la importancia de revisar el propósito que tienes actualmente, sobre todo ante los grandes cambios de esta era.

Netflix. Propósito: "Entretener al mundo." Sencillo, define el mercado como el mundial y el valor ofrecido es entretener, no es muy diferenciado, pero están en una posición de mercado que se los permite. El desaparecido Blockbuster, si bien menciona al cliente en su propósito, al definir el beneficio que le genera al cliente, ancló la forma de hacerlo a través de su red de sucursales. Ese anclaje los mató, se convirtió en una barrera que no les permitió ver las tendencias del mercado. Siguiendo con Netflix, su caso es muy interesante, porque si no hubiera hecho dos giros en su propósito, también estuviera hoy en día fuera de combate. El primero fue cambiar de enviar DVD's a domicilio al streaming. El segundo es muy reciente, ha cambiado de distribuir contenido de terceros a través de su plataforma a generar también los propios. Si Netflix no estuviera generando sus propios programas y series, hoy estaría destinada a desaparecer, ante la aparición de nuevas plataformas lanzadas por los propios productores de contenido como Disney +.

Famsa. Siendo una exitosa empresa con una misión enfocada a "ofrecer productos duraderos a sus clientes", quisieron, al mismo tiempo, hacer dos cosas nuevas y enormes: ofrecer "productos duraderos" a clientes en otro país (USA) y volverse banco para todos ellos. Cambiaron las dos variables, mercado y el valor que le ofrecen a este.

Tesla. Su misión es: "Acelerar la transformación del mercado masivo de transporte sustentable a través de automóviles eléctricos". No veo al cliente ni su beneficio; es apostar 100 % a una tecnología. Esta Era de la industria es como la gasolina sustituyendo al vapor. ¿Y si la nueva gasolina no es la energía eléctrica? Toyota y GM ponen al cliente en primer lugar, uno remarcando la seguridad y el otro como inspiración. La tecnología va como segundo aspecto en ambos. Decir que Tesla está mal suena bastante tonto, pero se ha demostrado en empresas que han permanecido por mucho tiempo en enfocarse en el valor que entregan al mercado, no en la forma en que lo hacen.

Daré otros ejemplos, intentando que alguno te sirva:

- Despacho de contabilidad. No haces contabilidades, solucionas problemas fiscales.
- Medio de comunicación. Ya no puedes ser un medio, eres una fuente de contenido de alto valor. Propósito: Informar con X especialidad a la audiencia Y.
- Fabricante de lo que sea. No debes dedicarte a fabricar X tipo de producto o en Y tipo de materiales. Enfócate en el beneficio que generan tus productos a un mercado específico. Si te enfocas en un producto o un material, basta una disrupción tecnológica en tu industria para que tu empresa desaparezca.

Si tu propósito se basa en "excelente servicio" o "mejor calidad", entonces no tienes nada. Es como decir que eres una gran persona porque no robas.

2.1

ESTRATEGIA GENERAL

Si tu reto no te da MIEDO, no es suficientemente GRANDE

Tengo treinta y ocho raspaduras en mis piernas, veintiuno en los brazos, siete restos de espinas en mi mano izquierda y dos golpes en la tibia. Este es el resultado de subir una montaña de la Huasteca que se llama Pico Horcones. No es que sea muy difícil, pero es una disciplina nueva para mí; soy senderista pandémico. Lo anterior, aunado a mis cincuenta y cuatro años de edad (sin mencionar lo medio torpe natural), resulta una combinación no muy efectiva en una montaña con alta proclividad a salir raspado. Pero esta montaña no me da miedo. Fue sólo una práctica para otra que sí me da, ya que he intentado dos veces subirla sin éxito. En una ocasión me perdí y en otra me andaba desbarrancando, la tercera espero que sea la vencida.

¿Qué podemos aprender de esta experiencia?

Como podrás encontrar en mis artículos, hay lecciones de estrategia empresarial en la vida diaria y lecciones de vida en la estrategia.

Cuando decidas a dónde dirigir tu empresa el reto debe darte miedo, debe parecer difícil; si no es así, estás en tu zona de confort y esta te lleva a la mediocridad. El primer paso será preguntarte si ya tienes definido para tu empresa el reto a conseguir, o tu visión, meta, objetivo o como quieras decirle. No te sientas mal, la mayor parte no lo tiene. Nunca es tarde; hazlo ya, pero encuentra uno que te dé miedo, uno que saque lo mejor de ti y de tu equipo.

Si como persona quieres superarte, lee el párrafo anterior y sustituye "tu empresa" por "tu vida". Funciona igual y los conceptos de fondo se utilizan de la misma manera.

La historia de la montaña la tengo presente porque hoy por la mañana, estando en sesión de estrategia con un cliente, llegamos a un punto en donde el ejemplo sirvió mucho. Una empresa grande en la producción de madera quiere lanzar una nueva empresa que fabrique y comercialice artículos para el consumidor final. Habían tenido éxito en una prueba de mercado, en su círculo de amigos, con un par de productos para la cocina. Ahora había que hacer el plan de crecimiento para la empresa.

Siempre digo y seguiré diciendo que toda estrategia parte del mercado. Así que les pedí que lo definieran: "ir al mercado del consumidor final de todo el país", fue la respuesta. Bueno, de entrada eso suena demasiado amplio, pero díganme: ¿cuál es el beneficio que le darás a esa población? "Artículos para el hogar hechos de cualquier material, con amplio catálogo, y realizados con innovación, así como con espíritu sustentable." Pues ya valió, hacer de todo para todos es la peor postura estratégica que he escuchado en el año. ¿Dónde quedó la experiencia en madera que te ha costado muchos años? ¿Por qué artículos de cualquier material? ¿Por qué artículos para cualquier uso desde oficina, campo y casa?

Después de un ir y venir de ideas, acotamos su postura estratégica en: "Consumidor final. Productos innovadores, especializados en madera, para su uso en la cocina". Eliminamos todos los materiales, menos madera, y todos los usos, menos cocina.

Cuando defines tu mercado, debes cumplir la siguiente declaración:

Debe ser suficientemente grande para que te permita crecer, pero suficientemente chico para que no seas irrelevante.

La empresa de madera tenía definido un mercado tan grande que estaba condenada a la irrelevancia; al acotarla, determinó un mercado que le permitirá crecer por varios años. Y, si lo ejecuta efectivamente, será el líder.

Siguiendo con la analogía de las montañas, tal vez no debas de aspirar a subir el Everest (sobre todo si tienes mi edad... y peso), pero aún menos ponerte como reto subir pequeños cerros como el del Obispado (Monterrey) o el de las Campanas (Querétaro).

Escoge una montaña muy grande, lo más grande posible, de acuerdo a tus capacidades; que te dé miedo intentarlo, pero que tampoco sea un sueño guajiro.

Estrategia comercial para crecer en esta crisis y sus tres componentes

Hoy en la mañana participaba en la junta de consejo de un cliente donde discutíamos las estrategias con las que debía enfrentarse la empresa a la etapa pospandemia y entrar con ventaja a la guerra de la nueva-depresión (es lo que sigue, sólo para que nos acabe de caer el veinte). Alguien apuntaba que no solamente habían cambiado las reglas del juego, sino el tablero y el juego completo (lo cual está muy bien, como para hacer el punto, sin embargo, hay cuestiones fundamentales en lo referente a las ventas que nunca cambian, por ejemplo: primero hay que escuchar al cliente o mercado antes de proponer).

El punto que nos consumió la mayor parte de la junta es la importancia de incorporar el e-commerce a la empresa. Esto es una gran verdad, sin importar el ángulo en que lo queramos ver, ya que ésa y la sana distancia son dos de las principales tendencias que nos deja esta pandemia. Dentro de la discusión se habló de cómo incorporar sus productos a la tienda de Amazon o alguna equivalente. Mencionar la importancia del e-commerce y la idea de entrar a Amazon te hará quedar bien en "casi" cualquier junta de negocios que tengas y seguramente en todas las cenas, habidas y por haber, con tus cuates; sin embargo, hay que aclarar algunas cuestiones, cruciales para evitar errores

¿Observaron que dije: "casi"? Esto es debido a que en la situación de esta empresa no es tan inteligente por dos puntos clave de suma importancia:

1. Los productos de esta empresa no van dirigidos al mercado masivo, sino que su mercado principal son los contratistas, así que no tiene nada que andar haciendo en Amazon, ya que va dirigido al mercado masivo, o sea a las personas, no a las empresas. En esta empresa no tienen una plataforma digital para levantar pedidos a contratistas y darles seguimiento. ¿No será este el concepto de e-commerce que deberán implementar?

1. **La estrategia está incompleta.** Si quieres salir de esta crisis airosamente, no puedes hacerlo enfocando tus cambios y ajustes sólo desde canal de ventas (e-commerce, en este caso), tiene que ser una revisión en los tres ámbitos de la estrategia (según modelo Salexperts):

Mercado. Algo que diré mucho a lo largo de mis colaboraciones es que todas las estrategias parten del mercado. Las preguntas que tienes que responder son: ¿Cuál es mi mercado objetivo actual? ¿Cómo se modifica a partir de esta crisis? Si tus clientes son empresas de turismo, edificación o renta de oficinas, aviación, eventos, artículos de lujo, petrolera (aunque algunas personas importantes anden invirtiendo enormidades en refinerías), etcétera, considera que tendrán un par de años muy difíciles. Otras industrias como médica, alimenticia, farmacéutica, telecomunicaciones, retail o e-commerce están viviendo un boom.

Producto. ¿Cómo podrás estar pensando en cambiar el producto sin saber a quién va dirigido? Ahora que ya lo definiste en el punto anterior, es momento de revisar tu producto en función de los cambios que están sucediendo en el mercado. Esta no es una nueva crisis, esta es una nueva Era, no podemos competir ahora con los mismos productos de antes. ¿Por dónde empezar? Habla con tus clientes, pregunta cómo están viviendo, cómo ven el futuro y cómo puedes convertirte en su aliado para llegar allá. Tu producto debe ayudarles a conseguirlo; si no, no sirve.

Canal de ventas. El canal sirve para llevar tu producto al mercado, por lo que sólo estás en condiciones de definirlo, si ya has definido tu mercado y rediseñado tu producto. Si no has incorporado e-commerce, vas tarde, pero este canal solo no te va a hacer el milagro, tienes que incorporar elementos de tecnología y colaboración virtual en los procesos de tu fuerza de venta. Por último, considera que tu equipo de ventas es humano y requiere atención por su propia crisis, la incertidumbre y la nueva carga de trabajo. Si en algún momento has considerado un plan de motivación, hoy es el momento.

Si planteas tu estrategia sin definir tu mercado, ¿con base en quién diseñas tus productos? ¿Hacia dónde diriges tu esfuerzo comercial?

Si planteas tu estrategia sin rediseño de tu producto, ¿cómo consideras que va a funcionar si los clientes ya cambiaron (y tu competencia también)?

Si planteas tu estrategia sin rediseñar tus canales de venta, ¿cómo puedes llevar a un lado nuevo un producto nuevo de la misma manera?

Respira. Deja la ansiedad, la angustia y el estrés por un momento. Esto no te va a dejar pensar con claridad. Enfócate en los temas que te he propuesto y dale a tu negocio la oportunidad de triunfar en esta crisis... y en todas las crisis.

La vaca flaca

"La empresa está en crisis, después de tres generaciones; lo más sensato será cerrarla".

Fue la sentencia realizada hace seis meses por Sergio, un nieto del fundador que ha tomado las riendas de la empresa. Con ayuda de Francisco, su consejero financiero, hicieron una reestructuración para darle a la empresa una nueva oportunidad.

Esto nos lo platicaba Sergio el martes pasado, en sesión de arranque para el proyecto de consultoría comercial. Si las ventas no suben pronto, todo el proyecto se vendrá abajo.

Sergio nos compartía cómo habían llegado a este punto, el peor en tres generaciones. Durante muchos años tuvieron un cliente muy importante, que llegó a representar el 80 % de sus ventas. En ese periodo, el cliente fue aumentando sus pedidos y adicionalmente les pedía nuevos productos para su consumo. Estos nuevos productos los llevaron a abrir nuevas divisiones del negocio, las cuales no correspondían a la misión de la empresa y representaban relevantes inversiones. A pesar de este desenfoque, no le negaban su solicitud, ya que era cliente más valioso y, además, la venta "ya estaba hecha".

Así vivieron por años, hasta que un día, el cliente decidió cambiar su enfoque estratégico, cancelando todos sus pedidos de un día para otro. La crisis de flujo de efectivo llegó acompañada de una incapacidad para captar nuevos clientes, y de un desenfoque estratégico.

Al escuchar su historia, recordé la fábula del sabio y la vaca lechera. En resumen, un sabio y su discípulo se encontraron durante su caminata con una cabaña muy pobre. En esta vivía una familia con tres hijos, los cuales estaban mal vestidos y en cuestionables condiciones de salud. No había ni cultivos, ni plantas, ni ganado, sólo una vaca flaca y cansada. El sabio les preguntó cómo sobrevivían, éstos le respondieron que gracias a la vaca. Con su leche podían alimentarse e intercambiarla por otros alimentos. El sabio se despidió, pero antes de alejarse del lugar le pidió a su discípulo que regresara y matara a la vaca. Este no entendió, ya que le parecía cruel, porque eso haría que la familia muriera de hambre, pero obedeció. "Ya entenderás con el tiempo", se limitó a decir el sabio.

Un año después, el discípulo, aún con cargo de conciencia, regresó a la cabaña a pedir disculpas. Sin embargo, al llegar vio prosperidad por todos lados y a la familia sana y feliz. El padre de familia le explicó: nuestra vaca murió repentinamente y, para sobrevivir, tuvimos que aprender cosas nuevas e intentar hacer lo que no sabíamos que éramos capaces de hacer.

Le compartí la fábula a Sergio diciéndole que un cliente importante siempre es una bendición, pero que si eso nos lleva a conformarnos y entrar en una zona de confort, puede ser la peor de las maldiciones.

Con base en esta fábula y esta historia real podemos mejorar identificando nuestras propias *vacas flacas*.

Vendedor: Así como en la empresa de Sergio un cliente les hizo conformarse, de la misma manera en tu cartera de clientes puede haber uno que te haga entrar a una zona de confort.

Director: La vaca flaca podría ser un ejecutivo que no está aportando lo que la empresa requiere para llegar a la siguiente etapa, un sistema de gestión anticuado o una línea de productos que debe de ser renovada.

Persona: Estas son las vacas más difíciles de ver. Tu vaca flaca podría tener la forma de una relación tóxica, difícil de dejar; un empleo que necesitas, pero no te desarrolla y muchos más.

A tu cerebro le gusta trabajar bajo la ley del mínimo esfuerzo. No tienes por qué seguir esa recomendación, antes pásala por el filtro de tu corazón, el que te dice quién quieres llegar a ser.

Diversificación en tiempos violentos

C omparto tres historias reales que tal vez puedan servirte para la próxima vez que te preguntes: ¿debo diversificarme?

Caso 1. Platicaba hace unos días con mi amigo Fernando, él es dueño de una prestigiosa cadena de muebles en el centro de la capital. Los años de gloria ya han pasado, debido a la falta de adopción de nuevas tendencias en modas y de comercio electrónico. Los tiempos ya eran difíciles cuando llegó la pandemia. Está pensando en hacer un *Spin off* (escisión de una división) de su área de reparto de muebles para ofrecer servicio de mudanzas al público. Ya tiene el equipo de reparto y humano para hacerlo.

Caso 2. Jorge representa una marca japonesa líder en copiadoras y escáneres. Llegó a tener cien centros de copiado al público en la ciudad, pero había estado cerrando algunos los últimos años. Su principal fuente de ingresos radicaba en estos centros, no obstante, había incorporado recientemente el servicio a empresas y crecía a buen ritmo. Esto apenas alcanzaba a compensar la caída de los centros. Se sentía ciclado con su empresa, por lo que estaba replanteando su estrategia. Su idea era radical: Vender seguros a empleados de empresas, pagarían con descuentos por nómina y así generaría ingresos constantes.

Caso 3. José Luis. Él tiene un despacho de valuación de propiedades de mucha experiencia, sin embargo, piensa que el panorama en su industria no pinta muy bien. Su plan es complementar sus ingresos con una fuente adicional, por lo que decidió certificarse como agente inmobiliario. La estrategia es ofrecerle a los clientes que les va a valuar su propiedad, venderla.

Todos en algún punto hemos tenido momentos de desesperación, de querer cambiar el rumbo. ¿Cuáles ideas son buenas y cuáles malas?

Para este tipo de decisiones, te ofrezco un modelo muy sencillo en tres pasos:

1. **INNOVACIÓN**. Si tu negocio actual va a una industria (o giro) que está creciendo, o por lo menos es estable, y no hay una disrupción tecnológica que amenace al sector, mejor enfócate en crecer con tu empresa actual (la excepción es que seas el líder dominante del mercado). Los motivos por los que no estás logrando ser exitoso en tu reto actual, te los llevarás al siguiente. No te engañes y mejora, pide opiniones de tu equipo, platica con tus clientes, analiza las tendencias y replantea tu estrategia. Si tu industria está realmente en crisis (turismo, oficinas, aviación, eventos, etc.), pasa al segundo; si no, abandona esta lectura y márcale a tus mejores clientes.

2. **MERCADO**. Toda estrategia parte del mercado. Si vas a innovar en productos o nuevas líneas, tus probabilidades de éxito crecen considerablemente, ya que conoces sus necesidades. Te recomiendo el apartado: Si tu reto no te da MIEDO no es lo suficientemente GRANDE.

3. **VALOR DEL PRODUCTO**. El beneficio que generan tus productos debe de ser similar. Esta alineación te ayuda en muchas cosas, como: aprovechar tu *ewwwxpertise*, comunicación de tu marca, credibilidad con clientes, etc.

Usando el criterio anterior, en el **caso 1,** Fernando debe enfocarse a su negocio actual al 100%, la industria mueblera se está transformando, no desapareciendo. Si llega a hacer ese negocio (que no me parece mal al ser un proceso conocido), no deberá de desenfocarlo de su actividad principal, ya que ni siquiera estaría entrando a un mercado en crecimiento.

En el **caso 2**, lo que sucedió fue que, después de un regaño por querer entrar a un negocio tan competido y tan tarde, se rediseñó la estrategia, enfocándolo al mercado empresarial solamente, cerrando los puntos de venta al público. No ha parado de crecer desde entonces. Su mercado original bajaba (centros de copiado), por lo que había que innovar. Fue a un mercado nuevo (paso 2 negativo), pero generando el mismo valor (paso 3 positivo).

Caso 3: ¿mercado inmobiliario en crisis? ¡A innovar! (paso 1). El mercado es el mismo (paso 2) y el valor generado se puede considerar el mismo. El proceso de valuación es parte del proceso de venta de su inmueble. Buena jugada, aunque conservadora. Se ancla aún más a una industria en aprietos.

MECE

En una junta interna reciente de la consultoría analizamos las ventas históricas de un cliente dedicado a la logística. Nos interesaba revisar tendencias en ventas por sucursal, vendedor, zona de comercialización, clientes y líneas de producto. Sacamos conclusiones muy importantes, de tendencias en crecimiento y decrecimiento de venta de los doce vendedores, así como de las siete sucursales, determinamos zonas de comercialización más fértiles y encontramos nuestros clientes Pareto. Al momento de analizar las líneas de producto, el ejercicio tronó como ejote (por cierto, ¿cómo truenan los ejotes?), ya que había 556 productos diferentes. ¡Eran demasiados! Estando la información tan pulverizada, era imposible encontrar tendencias que nos pudieran ofrecer oportunidades o detectar amenazas.

Cuando analizamos los productos, nos dimos cuenta de que éstos no eran MUTUAMENTE EXCLUYENTES (ME). Esto significa que encontramos dos tipos de errores de clasificación en los productos:

- Unos eran subconjunto de otros. Ejemplo: *Honorarios de contingencia,* subconjunto de *Honorarios.*
- Otros eran conceptos similares con otro nombre. Ejemplo: *Consultoría* y *Consulting.*

Al final, los agrupamos en sólo doce categorías y estas, a su vez, en cinco unidades de negocio. En ambos casos ME y, por lo tanto, ahora sí material de análisis estratégico.

MECE, viene de Mutuamente Excluyente y Complementariamente Exhaustivo. En palabras llanas: los elementos no se traslapan y en su conjunto forman el todo. Este principio fue creado por Barbara Minto en McKinsey, y nos sirve para estructurar ideas, información o cualquier concepto de una manera más entendible.

Un ejemplo de Complementariamente Exhaustivo (CE) es: Si quisiéramos dividir la población del mundo entre amantes de perros y amantes de gatos, no cumpliría con ser CE, ya que además existen personas que no son adeptos a ninguno de esos animales.

MECE es un concepto muy útil para solucionar problemas de una manera eficaz. Te puede ayudar a que no se te olviden cosas en la maleta, comprar artículos en el súper, inclusive en decidir qué cenar hoy.

Este fin de semana, cuando llegue la consabida ocasión de decidir qué cenar, tendremos una lluvia de ideas con propuestas como pizza, oriental, cocinar algo en casa, pedir a domicilio, sushi, etc. Esta lista no es MECE, ya que, por ejemplo, si cocinas pizza en casa, entonces pizza y cocinar en casa no son ideas ME. Tampoco sushi y oriental son ME, puesto que el primero es subconjunto del segundo. Por otro lado, la lista no es CE, porque hay muchos tipos de comida no incluidos. La forma MECE para decidir qué cenar hoy, es desglosando por criterios y que cada uno cumpla con ser MECE:

- Primer criterio: ¿Quieren cenar en casa o fuera de casa?

- Si es en casa: ¿Cocinar, entrega a domicilio o pasar a recoger?, una vez seleccionado lo anterior, seleccionar el tipo de comida: ¿Italiano, oriental u otros?
- Si es fuera de casa: ¿Quieren ir a un restaurante de esta zona o fuera de ella?, y ahora sí llegamos al punto del tipo de comida: ¿Italiano, oriental u otros?

Cuando los elementos podrían ser demasiados como en el tipo de comida, el término "otros" nos ayuda a englobar el resto de las opciones menos interesantes.

En Salexperts, al definir estrategias comerciales, utilizamos diferentes perspectivas con la finalidad de visualizar todo lo que hay o sucede dentro de un área comercial, cada una de ellas MECE:

- Lo que existe: Personas, Procesos y Herramientas.
- Procesos: Captación de nuevos clientes y Desarrollo de clientes.
- Indicadores: Resultados y Anticipadores de resultados.
- Entregables estratégicos: Intensidad, Conocimiento y Estrategia.

Usar el principio MECE, te ayudará a incrementar considerablemente tu capacidad de solucionar problemas, a comunicarte mejor y a generar más ideas. Te separará del promedio.

Evita estos 5 errores estratégicos en 2022

Por Alberto y Mauricio Cárdenas Aldrete

"Este año vamos por todas las canicas en el 2022, nuestra competencia va a saber quiénes somos", mencionó un empresario de Torreón en una videoconferencia el día de hoy, mientras presentábamos una propuesta para ayudarles a diseñar su estrategia comercial para cada una de sus diez empresas. Seguramente pensarás que es un gran grupo empresarial, pero no es así. De esas empresas, sólo hay dos o tres medianas y el resto son pequeñas, algunas de reciente creación.

Al escucharlo, recordé lo que dijo Sun Tzu: "Las tácticas sin estrategia son el ruido antes de la derrota". Seguro podemos plantear una buena estrategia para cada empresa, empero, ¿no sería mejor revisar antes la estrategia corporativa para enfocar el número y tipo de empresas del grupo?, ¿no será que algunas nuevas empresas le quitan recursos a otras existentes de alto potencial?

Seguramente muchos de ustedes tienen grandes planes para hacer crecer sus empresas este 2022, en este artículo les compartimos cinco errores estratégicos que debes evitar, que sean ese ruido antes de la derrota.

1. No hagas grandes planes de crecimiento si no estás retenien-do correctamente a tus clientes. Un indicador que deberías tener en tu negocio es la "tasa de abandono", que es la rela-ción entre clientes que salen sobre los clientes totales. El im-pacto de esto en el futuro de tu negocio es altísimo. Primero tapa la coladera de la alberca antes de echarle más agua.

2. No busques nuevos mercados si aún no desarrollas el actual. Si tu participación de mercado es mediocre en tu mercado actual, que es el que más conoces y donde más te conocen, ¿por qué escalar la mediocridad al resto del mercado, donde seguramente será más difícil y costoso?

3. No lances nuevos productos si el actual no está bien comercia-lizado y tiene buena demanda. La mayoría de los empresarios medianos crecieron sus negocios desarrollando productos, así que a cada problema estratégico que enfrentan lo solucionan con producto. Es más rápido, menos costoso y más seguro te-ner éxito en ventas, si identificas y apuestas a una oportunidad comercial en tus productos actuales, que a desarrollar un pro-ducto nuevo.

4. No te enfoques en la comercialización si tu producto está perdiendo demanda (competitividad). Como hemos dicho muchas veces aquí, en este espacio: "perder la batalla co-mercial, condena a tu empresa a la mediocridad; perder la del producto, a la muerte". Piensa en alguna marca que haya desaparecido recientemente, ¿cuántas murieron porque su producto quedó obsoleto?

5. Y menos te enfoques en una gran campaña publicitaria o una promoción con un producto perdiendo demanda. Las cam-

pañas publicitarias sirven para introducir o recordar marcas, pero no para generar satisfacción en su uso. Mejor usa ese recurso para investigar el mercado, la competencia y las nuevas tecnologías para lograr un producto realmente competitivo.

Es una reacción muy normal dejarse llevar por la pasión o por la ambición a la hora de plantear las estrategias del año. La estrategia debe ser dictada por la inteligencia, no por los sentimientos. Con esa inteligencia analiza los mercados, tu producto, la competencia, tu fuerza comercial, etcétera.

Los sentimientos, utilízalos, pero cuando vengan los tiempos difíciles y requieras pasión para mantenerte fuerte en el rumbo correcto.

Cambia el ruido antes de la derrota, por la sonrisa de satisfacción, que llega con el éxito.

Estrategia o Implementación, ¿qué es más importante?

Japón, batalla de Nagashino, 1575. El clan Takeda representaba uno de los ejércitos más poderosos de esa isla. Estaba formado por Samuráis, cuya obediencia y compromiso con la ejecución de los planes era perfecta. Se enfrentaba a Oda Nobunaga, cuyo ejército incluía tres mil arcabuceros quienes serían los primeros en utilizar armas de fuego en un campo de batalla de ese país. Olas y olas de Samuráis Takeda avanzaban sin dudarlo para encontrarse con las balas de Nobunaga.

En esta historia, la disciplina y perfecta implementación del ejército Takeda no tenía posibilidad frente a la estrategia de Nobunaga al incorporar armas de fuego. La estrategia venció a una ejecución perfecta.

Seguramente has escuchado la frase: "Más vale una MALA estrategia bien implementada, que una BUENA estrategia mal implementada". Mi opinión es que te han estado engañando por todo este tiempo, es una tontería. Tengo la impresión que esa frase ha sido promovida por gerentes queriendo "poner a jalar" a su equipo.

No quiero decir que no es importante la implementación, el punto que quiero establecer es que ambos te afectan, pero de diferente manera. Mi postura al respecto es: "Una mala estrategia *te aniquila*, una mala implementación *te condena a la mediocridad*".

Algunos ejemplos:

- Objetivo: ir a Europa. Estrategia correcta es ir por avión, pero lo implementas terriblemente tardándote tres días en llegar. Buena estrategia mal implementada. Mala estrategia es ir en carro y eso te impedirá llegar al destino.

- Objetivo: bajar de peso. Estrategia correcta es una dieta balanceada. La implementas mal si consumes menos calorías aunque no balanceadas. Te vas a tardar en bajar. Mala estrategia, tomar pastillas "quema grasa" o algún otro químico que a la larga te afectan y dañan tu salud.

- Objetivo para vendedor: llegar a la meta del mes. Estrategia correcta, contactar a los veinte prospectos con mayor potencial. La implementas mal y consigues sólo diez contactos. Estrategia incorrecta, contactar veinte clientes chicos. Implementas perfectamente y los consigues a todos. Contactaste al doble, sólo que los más grandes tienen diez veces más potencial que los más chicos.

- Objetivo: dominar el mercado de telefonía celular. Estrategia Nokia: implementar a la perfección la mayor cobertura de ventas a nivel global. Estrategia iPhone: Desarrollar una nueva tecnología que haga a la cobertura irrelevante. Ejemplo similar a la historia con la que inicié el artículo, siendo la pólvora la innovación.

¿Cómo defino la estrategia correctamente?

El término *Estrategia*, tiene su origen en Grecia, donde se denominaba *Stratego* a su líder militar. Su uso en los negocios es reciente, no obstante el concepto se mantiene: *planeación y conducción de recursos para conseguir el objetivo*. Estos son los pasos que te propongo para establecer la estrategia:

1. Define el objetivo. ¿Realmente qué quieres conseguir? Olvida los *cómo* o los *por qué*, ve al fondo de lo que REALMENTE quieres solucionar. Piensa para qué quieres que eso suceda. Sé lo más específico posible (ver apartado *Watergate, define el problema*).

2. Divide el objetivo en los elementos clave que lo sostienen; entre tres y cinco es una buena cantidad. En el caso del vendedor de arriba, podría ser:

    a. A quiénes contactaré.

    b. A través de qué medio y con qué mensaje lo haré.

    c. Qué producto o solución les ofreceré.

3. Desarrolla para cada elemento un plan de acción con responsables y tiempos. NO vayas mucho al detalle, pero asegura que estén todos los procesos clave.

La buena implementación será ejecutar al pie de la letra, sin excusas y sin buscar culpables (ver apartado *Foxitis*), el punto tres.

Si quieres ser realmente exitoso, no tienes que escoger entre una buena estrategia o implementación, tienes que tener las dos. No puedes ir por la vida de los negocios o de las ventas sin una impecable implementación, y no se diga sin una buena estrategia.

Will Smith, Putin y las ventas

Estoy seguro de que la pregunta que surge inmediatamente es ¿qué tiene que ver Will Smith con Putin y cómo se relacionan con las ventas? Aquí te lo aclaramos.

El domingo pasado, en el escenario de la entrega de los "Óscar" escuchamos, sabiendo que estábamos ante un acontecimiento muy especial en estas ceremonias, estas palabras: "Quiero ser un recipiente de amor, quiero agradecer a Venus, Serena y a toda la familia Williams por confiarme su historia. Quiero ser un embajador del amor. Quiero disculparme con la Academia y mis colegas nominados. Este es un momento hermoso y no estoy llorando por ganar un premio, no es sobre ganar un premio, es sobre echar luz sobre la gente". ¿Quién puede creer que el autor es Will Smith, quien unos minutos antes golpeó, con el mundo como testigo, a Chris Rock por una broma hacia su esposa?

¡Vaya forma de iluminarnos del auto-nombrado embajador del amor!

Hace más de un mes comenzó la guerra entre Rusia y Ucrania. Así se nombra este conflicto por casi todo el mundo, pero para Vladímir Putin, esta no es ni guerra ni invasión sino una "operación militar especial" para defender a los habitantes rusos de Donbass. Putin declaró que el objetivo del operativo era: "proteger a las personas que han sido objeto de abusos y genocidio por parte del régimen de Kiev durante ocho años".

Vladímir, el defensor del pueblo, intenta salvar a esos habitantes bombardeando su ciudad y, de paso, a otros 40 millones de ciudadanos.

Aunque ambos casos presentan evidentes y enormes diferencias en la escala de la agresión, el principio humano que los "justifica" es el mismo. Los dos personajes están convencidos de tener la razón, apoyándose en una perspectiva muy conveniente –para ellos– de los acontecimientos. Claramente, los dos están vendiendo "su verdad", la cual dista mucho de ser una visión ecuánime y completa de la situación. Venden su versión y encuentran mercado que la compre.

Nietzsche dijo: "La verdad no existe, sólo la interpretación que damos".

En ventas, a veces caemos en el error de querer vender lo que nos conviene, aunque no sirva para solucionar el problema del cliente de la mejor manera. Estoy convencido de que, tarde o temprano, los vendedores o las empresas que actúan de esta manera acabarán pagando el precio.

Estos son algunos ejemplos de "Putins" o "Smiths" que me ha tocado ver:

- Un dueño de una empresa de tecnología, que recluta talento tecnológico para una etapa de fuerte crecimiento, pero mintiendo sobre las condiciones laborales. Los empleados sólo duraban un par de meses, la empresa se quedó en la mediocridad.

- Un vendedor de maquinaria que tenía, por varios años, una cuenta muy importante, decidió vender una solución que estaba a punto de quedar obsoleta porque iba a salir una versión de más alta tecnología, ya que él quería la comisión cuanto antes. El cliente tardó seis meses en darse cuenta y terminó la relación con el vendedor y con la empresa.

- Una firma de consultoría que tomó un contrato millonario para una empresa de ventas en la calle, aún sabiendo que no tenía *expertise* en comercialización, y cuya recomendación estratégica fue: que los vendedores entren antes y trabajen más horas. Salexperts fue contratado posteriormente y como especialistas tuvimos mejor suerte.

¿Quieres clientes para toda la vida? Entonces, soluciona sus problemas eficazmente con tus productos o servicios; si sabes que no lo puedes hacer, habla con claridad de hasta dónde llega tu alcance. Eso sí, sé un experto en conocer todas las formas en las que tu producto puede beneficiar al cliente, tampoco se trata de dejar pasar la oportunidad.

La presidencia y las ventas

En las elecciones presidenciales de 2018, AMLO obtuvo treinta millones de votos, el 54,7 % de los emitidos en dicha elección. En las elecciones intermedias del 2021, el porcentaje del partido del presidente y sus aliados fue 44,4 %, veintiún millones de votos.

¿Por qué hablar de política en una columna de estrategia de ventas? Los candidatos son "productos" que los votantes "compran" basados en el "posicionamiento" que tienen en su mente sobre cuál es la mejor opción para ellos o el país. El candidato que tenga mayor *market share* (participación de mercado), gana la elección.

Una vez que el candidato gana y ya fue "comprado" por los electores ("clientes"), es posible comenzar a medir en éstos el nivel de "satisfacción" recibido; el cual es una simple resta de la percepción del "servicio" recibido menos la "expectativa" que tenían al inicio. Dicho de otra manera, entre más alta haya sido la expectativa, más alta será la exigencia para que el cliente se sienta realmente satisfecho.

Elecciones 2018

AMLO fue una aplanadora en las votaciones, el candidato a presidente con más *market share* desde 1982. ¿Cómo lo consiguió?

Atendió una necesidad muy clara del electorado: ¡No más corrupción! Ninguno de los otros partidos conocidos podría haber encabezado esta postura. Alineó su "ventaja competitiva" a la "necesidad del mercado". Su oferta era muy diferenciada, la oportunidad de mercado muy amplia y la forma de comunicarla muy clara. Además de ser un buen "producto" para dicha necesidad, con dieciocho años en campaña, su "comercialización" ayudó a que dicho "producto" fuera conocido en todo el país.

Elecciones 2021

En éstas, AMLO/Morena y aliados, perdieron el 10 % de *market share*. Sobra decir que la "expectativa" en el país era altísima (por lo menos para el 54,71 % de los mexicanos), por lo tanto, la "percepción" del servicio que recibirían también tendría que serlo, de otra manera la "satisfacción" bajaría considerablemente. No es difícil explicar esa dramática caída en el nivel de satisfacción reflejada en los votos, considerando que la corrupción no desapareció y hasta gente cercana al presidente ha aparecido en videos cuestionables. Su principal promesa ("ventaja competitiva") no ha sido entregada. Además, su mercado se va reduciendo conforme genera insatisfacción en segmentos de población como niños enfermos de cáncer, asociaciones de beneficencia, fideicomisos, medios de comunicación, conservadores, Conacyt, inversionistas, ecologistas y ahora hasta su alma mater, la UNAM.

¿Qué va a pasar?

En los modelos estratégicos de Salexperts planteamos que el "producto" te da la tendencia en el largo plazo. Cuando este lleva varios años perdiendo "demanda" (deseo del mercado por comprar un producto) tienes que REDEFINIRLO. La "comercialización" no cambia tendencia (a crecer o decrecer); te da volumen de venta.

Mientras el presidente no se redefina como "producto" y ofrezca nuevos beneficios, seguirá perdiendo *market share*. Sus mañaneras han sido una gran estrategia de comunicación, pero forman parte de la comercialización, no del producto; de tal manera que promocionan un producto que está perdiendo atractivo. Imagina que intentas vender un jamón que no sabe rico en supermercados, repartiendo muestras gratis. Tus ventas bajarán más rápido, ya que aceleras que el mercado conozca que no es un buen producto. Las promociones son aceleradores de tendencias.

Desarrollé el ejemplo de AMLO porque es lo que nos atañe en el presente. Sin embargo, debo decir que los últimos cuatro presidentes del país (hay de todos los partidos) han perdido entre 6% y 11% del apoyo ciudadano en sus primeros tres años. El país requiere que los presidentes sean mejores "productos" para que los ciudadanos estemos más satisfechos en el largo plazo, no excelentes "comercializadores" cuya misión es sólo llegar, pero no mantenerse. De la misma manera, nuestras empresas requieren productos valiosos para sus clientes leales, quienes representan alrededor del 90 % del ingreso total.

Promete de menos, entrega de más.

Toda estrategia parte del mercado

La frase: "Toda estrategia parte del mercado", me la vas a escuchar decir muchas veces. Aunque a veces sí soy un poco necio (por lo menos eso dicen en mi casa) repito continuamente esa frase por la importancia que tiene para las empresas, además, es sorprendente la cantidad de veces que nos hemos encontrado en los proyectos de la consultoría a empresas que no tienen identificado con claridad su mercado; sin embargo, el caso más frecuente es el de empresas que sí lo tienen definido, pero que no pueden contestar preguntas básicas que implican su posibilidad de subsistir en el tiempo.

Hace unas semanas iniciamos un proyecto con un entusiasta empresario que se dedica a la limpieza industrial con alta tecnología. Ante la pregunta: ¿a qué mercado vas dirigido?, su respuesta fue: "A cualquier empresa o industria que requiera servicios de limpieza, ya sea una gran fábrica o un restaurante". Lo más destacable es, para no irnos con la finta, que lo que está definiendo es lo que hace no para quién lo hace. Lo segundo, si es que está definiendo su mercado así de ambiguo, y por ende, enorme, implica un desenfoque monumental. Con tal definición, no podremos responder a cuestionamientos estratégicos clave como por ejemplo:

¿Qué participación de mercado tengo? ¿Cuánto puedo crecer en mi mercado actual? ¿Cuáles son mis principales diferenciadores? ¿Son realmente decisores de compra? ¿De qué tamaño tiene que ser mi fuerza de ventas?

Suena que deberíamos conocer esas respuestas, ¿no? Empieza definiendo claramente tu mercado.

Pare definir el mercado propongo **cuatro criterios** que se requiere evaluar para que esta definición sea viable estratégicamente.

Tamaño. ¿El tamaño del mercado es suficientemente grande para escalar las ventas? Tengo una frase que refleja la postura para evaluar este criterio: "El mercado tiene que ser suficientemente grande para que te permita multiplicarte, pero lo suficientemente chico para no ser irrelevante". Determinando el tamaño del mercado podremos conocer nuestro *market share,* si se tiene un 1.5 % o un 40 %, implican estrategias diferentes.

Tendencia. ¿El mercado está en crecimiento o se está reduciendo? Hace muchos años leí una entrevista a José Antonio (Diablo) Fernández (CEO de Femsa) que decía: "El mejor negocio que puedes tener es una embotelladora de Coca Cola bien manejada, el segundo mejor es una embotelladora mal manejada". Hay que subirnos a las tendencias y esta crisis nos ofrece muchas a las cuales sumarnos... y bajarnos de otras.

Fertilidad. ¿Son nuestras ventajas competitivas valoradas en ese mercado? Los productos, para los dueños, son como los nietos: todos son bonitos, simpáticos, deportistas e inteligentes. Ya si de plano el niño no tiene de dónde, pues "tiene ángel". En dieciséis años de consultor en ventas, sólo un par de veces he recibido un comentario diferente a "mi producto es el mejor" (lo que esto signifique) o bien, "mi producto es el de más calidad" (lo que esto signifique también). Dos fallas típicas en las empresas:

1. La ventaja que dicen tener no es cierta.
2. La ventaja no es relevante para los clientes.

Si no has realizado estudios de mercado recientes o rediseñado tus productos en los últimos meses, es momento de hacerlo.

Competencia. ¿Ese mercado se encuentra especialmente peleado? En los últimos quince años, la tecnología ha eliminado las barreras de entrada a nuevos países y en los últimos diez los productos chinos han invadido. En los últimos años, la competencia de los periódicos es Google y la de Walmart es Amazon, así como en los últimos meses, la nueva competencia de los desarrolladores de oficinas y empresas de *coworking spaces* es el *home office*. Antes era mucho más sencillo determinar quién es tu competencia; si eres independiente, ahora hay tal vez cientos de miles de personas en el mundo que pueden hacer lo que tú haces. Más competencia, menos margen, punto. No entres al mercado si hay un océano rojo (Blue Ocean, W. Chan Kim).

¿Quieres que tu empresa crezca en el tiempo? Son cuatro criterios, no se trata de que escojas dos o tres, tienes que diseñar tu negocio para salir bien en los cuatro.

Ni irrelevante, ni dominante

Irrelevante

"Queremos entrar a otros mercados adicionales al financiero, iremos por el automotriz", fue la declaración valiente y emotiva del director de una empresa que provee servicios especializados. Estábamos a punto de presentarle la estrategia cuando mencionó lo anterior, queriendo anticiparse a nuestra presentación de la estrategia comercial.

—Me parece muy bien, pero ¿sabes cuál es tu participación de mercado actual? —Lo cuestioné.

— Mmmm, no lo sé, aunque un poco pequeña, supongo. —Respondió.

—Tienen un 0,18% de participación de mercado, en el actual, o sea el financiero. ¿No te parece demasiado pequeña para buscar pelea en otra industria que no conoces? —Volví a preguntar.

Ya no hubo respuesta, así que iniciamos la presentación.

Cuando definimos las estrategias comerciales, es indispensable dimensionar el mercado meta y, con esto, clarificar la participación de mercado (*market share*). Tener una participación del 0,18% te convierte en un jugador irrelevante en el escenario competitivo. Con esta posición, vas a estar luchando con precio por la alta competencia y afectando tu margen de ganancia, de modo que difícilmente podrás diferenciar tu producto, ya que el mercado es demasiado amplio.

Si estás en esta posición, lo que debes hacer es segmentar tu mercado hacia el tipo de clientes que mejor valore tus ventajas competitivas; así podrás enfocar tu oferta, diferenciarla cada vez más de la competencia y obtener mejores márgenes de ganancia.

Dominante

Otro cliente cultiva un producto orgánico para venta en cadenas de retail. Llevaba un par de años estancado en ventas y quería replantear su estrategia; para lograr el crecimiento agresivo que deseaba, buscó incrementar su capacidad de producción en un 250% bajo una inversión millonaria; sin embargo, al dimensionar el mercado de su tipo de cultivo, orgánico y vendido a través de las cadenas de retail, donde tiene presencia, encontramos que su actual participación es sólo del 60%, con lo cual es imposible que sus ventas crezcan un 250%

Cuando tienes una participación de mercado de ese tamaño, el crecimiento no puede ser solamente marginal. En este escenario, tienes que mover variables importantes para mejorar la perspectiva.

Algunas alternativas estratégicas son:

- Incrementa la cobertura (puntos de venta). ¿Cuánto más puedes llegar a crecer si llegas al máximo posible de cobertura en tus canales actuales?

- Nuevos mercados. ¿Qué otros mercados podrían consumir tus productos? ¿Cuál es el canal de venta para llegar a este que nos permita rentabilidad?
- Nuevos productos. En tu mercado actual, el mismo canal de venta, ¿qué otros productos podemos incorporar?

Cuatro criterios para definir tu mercado

Ha quedado claro hasta el momento que el primer criterio es el tamaño: define y segmenta tu mercado de tal manera que no sea tan grande para no tener una participación irrelevante, pero no tan chico que no te permita crecer.

Los otros tres criterios, son los siguientes
- Tendencia. De poco te sirve dirigirte a un mercado grande, si tiene una tendencia negativa. Ejemplo: la renta de oficinas de tamaño enorme, pero la tendencia es al *home office.*
- Fertilidad. ¿Son nuestras ventajas competitivas valoradas y únicas en ese segmento de mercado?
- Competencia. ¿Qué tan competido está este segmento? Entre más exista, mayor presión a reducir nuestros precios y con ello las ganancias.

El concepto en tu vida

A nivel estratégico, me gusta equiparar el mercado del mundo de los negocios, con la meta en la vida a nivel personal: en ambos casos es hacia donde dirigimos nuestro esfuerzo y talento.

Tu meta en la vida debe ser tan grande que te dé miedo, pero tan chica que no te condene al fracaso.

Multitasking

Durante una junta de coaching en liderazgo de una empresa de servicios, Victoria, directora del área comercial, me compartió: Mario, el mejor colaborador que he tenido en mi área, antes era super productivo y cumplido, pero empezó a fallar hace unos meses. ¿Qué estaré haciendo mal?

—A ver, vamos paso por paso— dije yo —¿tienes alguna hipótesis?—
—Tengo descartados temas personales, ya que he platicado con él para entender la situación.— respondió Victoria.
—Entonces, ¿han cambiado en su funcionalidades últimamente?— cuestioné. Victoria añadió —Mario es muy capaz y aprende rápido; además de su rol comercial, le he pedido ayuda para marketing de redes sociales. Es más, el área operativa le pidió apoyo desde hace unos meses en otros proyectos y autoricé que usara un tercio de su tiempo en ello.
—Victoria, parece que Mario tiene que estar haciendo Multitasking todo el tiempo. ¿Será este el origen del problema?— pregunté conociendo la respuesta.

Hay una gran variedad de autores y estudios que señalan que el *Multitasking* (realizar dos o mas procesos a la vez) genera entre un 20% y 40% de ineficiencia. El concepto básico es que no es posible, por el funcionamiento del cerebro, estar enfocado a más de un proceso congnitivo al mismo tiempo. De tal manera que, cuando decimos que estamos haciendo Multitasking, en realidad lo que estamos haciendo es cambiando el enfoque una y otra vez.

En 2008, Dave Crenshaw intoduce el término Switchtasking para sustituir el de Multitasking, reflejando en este nombre lo que sucede realmente con nuestro enfoque.

Daniel Goleman, autor del reconocido libro *Inteligencia emocional*, lo explica así: "Hemos asumido que el Multitasking es algo bueno, la verdad es que las tareas que requieren atención no se desarrollan realmente en paralelo, sino que requieren un cambio de atención rápido y cada uno requiere tiempo para reenfocarse".

Si aún lo dudas, Nancy K. Napier, Ph.D., sugiere el siguiente ejercicio:
1. Dibuja dos líneas en una hoja.
2. Que alguien tomé tu tiempo escribiendo: "soy realmente bueno en Multitasking", en la primera línea y los números del 1 al 35 en la segunda.
3. Ahora vamos a Multitasking. Toma el tiempo escribiendo las mismas dos líneas, pero escribe primero una letra de la primer línea y después un número de la segunda, hasta completar los mismos mensajes.

Seguramente el tiempo se habrá incrementado al doble aproximadamente y hasta tal vez hayan aparecido algunos errores, esto debido al costo de reconectar con la tarea.

Con el Multitasking no solo seremos más ineficientes, un estudio de Gloria Mark en la Universidad de California demuestra que el nivel de estrés, insatisfacción laboral y carga de trabajo se incrementan debido a este.

El problema del Multitasking se ha acetuado en años recientes debido a la tecnología. ¿Cuántas reuniones nos ha tocado ver donde varios o todos los miembros están revisando sus redes sociales en el celular?

Los equipos comerciales deben estar muy atentos en no distraerse en momentos claves como las cada vez más socorridas juntas virtuales con clientes, donde es fácil que el vendedor se distraiga con Whatsapp o Facebook al momento de la sesión. Aunque piensen lo contrario, es muy probable que el cliente se dé cuenta y pierda interés.

Si estás teniendo problemas de productividad, errores en las cotizaciones, etcétera, revisa si estás concentrandote en una sola actividad a la vez. Hay algunos métodos como el Pomodoro, donde evades cualquier distracción durante periodos de alta concentración en un solo tema durante 25 minutos para posteriormente tomar 5 de descanso.

Victoria tomó la decisión de enfocar a Mario solo a su labor comercial que es donde más destaca. Los resultados empezaron a llegar rápido.

Hay una gran variedad
de autores y estudios
que señalan que
el Multitasking genera
entre un 20% y 40% de
ineficiencia.

APRENDAMOS DE EMPRESAS GRANDES

Watergate. Define el problema.

"No soy un criminal". Esa frase la dijo Nixon unos meses después del escándalo de Watergate y desde un paradójico escenario: Disneylandia.

E ra un hecho que en la elección que había ganado con el 61% de los votos había mandado a espiar a sus contrincantes, los demócratas. Pero, siendo presidente y siendo cínico (sigo hablando de Nixon), no reconoció su culpabilidad. Si alguien le preguntaba: "¿Usted autorizó Watergate?", él respondía que no, pensando seguramente que sólo no dijo que no. O si le preguntaban si él lo planeó, diría que no, pensando que sólo dio el visto bueno. Sin mentir, pero con verdades a medias. Parecía que no había forma de hacerlo reconocer su obvia participación... hasta que alguien empleó el maravilloso arte de **definir un problema**. Todo cambió por una sola pregunta hecha por el senador Howard Baker. Howard definió el problema como sigue: "¿Qué pregunta tengo que hacer para conocer la verdad sobre la participación del presidente en Watergate?" La consecuente pregunta quedó para la historia: "¿Qué sabía el presidente sobre Watergate y cuándo lo supo?" Esta sencilla, pero poderosa pregunta, fue clave para orillar a Nixon a renunciar.

Definir el problema sirve para todos los ámbitos de la vida. Un caso empresarial que ilustra perfectamente un problema mal definido, es lo que sucedió con el nacimiento de la música a través de internet. Napster fue pionero en esta tendencia y las compañías líderes de la industria musical como Time Warner, Seagram y Sony Music, al sentirse amenazadas, definieron el problema como *piratería ilegal*. Si lo hubieran definido como un problema de innovación en producto y de nuevos modelos de negocio, tal vez alguno de ellos tendría su Spotify. Napster dejó de existir, pero sólo para dejar a iTunes dar el segundo golpe mortal a estas compañías disqueras. Lo que invirtieron en abogados, hubiera tenido un mejor destino invertido en innovación y tecnología.

En nuestros negocios es común definir el problema de esta forma: ¿Cómo le hago para crecer? Hacerlo de una forma tan genérica no servirá de nada. Tenemos que llegar al origen del problema y formularlo con soporte, de una manera más precisa y manifestando un síntoma. Si los clientes se están yendo, la pregunta sería: ¿Cómo bajo mi tasa de abandono de 20% a 10%? Pero si lo que te falta son clientes nuevos, sería algo así: ¿Cómo puedo captar cinco clientes nuevos al mes?

En la vida diaria es muy útil utilizar este concepto apropiadamente. Observemos este problema típico: ¿Cómo le hago para ir al supermercado si no tengo tiempo? Sabemos que la necesidad real no es ir al supermercado, sino tener los alimentos en casa. Entonces, definiendo el problema: ¿Cómo le hago para tener los alimentos en casa?, acudiremos a soluciones tales como el uso de comercio electrónico o pedir el favor a alguien (zafo).

Vendedor. Preguntas como *¿qué tengo que hacer para llegar a la meta?* Son muy genéricas y no te motivan a buscar el origen del problema. Cámbiala por *¿qué tengo que hacer para elevar la compra promedio de mis clientes de 100 a 120?*

Empresario. Antes de formular problemas como *¿cómo atender mejor la queja de los clientes?*, ve al origen y analiza si realmente requieres un producto nuevo; y examina cómo puedes reducir las quejas antes que solucionarlas mejor.

"Si tuviera 60 minutos para resolver un problema y mi vida dependiera de ello, dedicaría 55 minutos a definir el problema y 5 minutos a resolverlo".

Albert Einstein

KODAK, ¿Farmacéutica?

Veamos qué podemos aprender de este caso.

Kodak, líder por más de cien años de la industria fotográfica de la cual es aún sobreviviente, ahora apuesta fuerte en la industria farmacéutica. Recibió un préstamo de la administración Trump por USD $765 millones para producir materias primas, utilizadas en medicamentos de alta demanda y disminuir la dependencia de otros países.

Antes de repasar su historia para encontrar aprendizaje, si estás pensando en un cambio de giro de esta magnitud en tu negocio, permíteme decirte esto de la misma manera que lo ponen en algunos videos de aventuras extremas: no lo intentes en casa (o en tu negocio, para mayor precisión).

Este movimiento estratégico de Kodak nos ha dejado perplejos a más de uno; sobre todo por lo que representa esta marca, normalmente asociada a la frase "momento Kodak" y, por ende, al valor de capturar momentos. ¿Ahora encontraremos en las farmacias, antigripales marca Kodak? ¿Qué sensación crees que eso te generaría? ¿Sería como comprar cámaras fotográficas marca Bayer?

Los graves problemas de la marca eran un caso conocido en el mundo de los negocios; una empresa gigante que falló en incorporarse a la transformación digital de su mercado a pesar de contar con cientos de patentes relacionadas con la fotografía digital. Teniendo el desarrollo tecnológico para hacerlo, no quiso entrar de lleno al negocio de las cámaras digitales ya que hubiera tenido que competirse a sí mismo, afectando sus otrora fuertes ingresos por rollos fotográficos. Así que permitió a otros jugadores quedarse con el mercado. Mala decisión.

Lo que es menos conocido que lo anterior es que en 1988 ya había intentado ingresar fuerte a la industria farmacéutica al comprar la empresa Sterling Drugs por USD $5.1 Billones (ahora vale solo 1 billón). En 1994 tuvo que venderla con pérdidas. La compra fue para diversificarse y la venta para concentrarse. En mi opinión, debió ser al revés y concentrarse cuando la industria se estaba reinventando, no perdiendo el foco en nuevas industrias fuera de su *Core Bussines*. En cualquier caso, una mala ejecución en la misma industria a la que ahora le apuesta a todo o nada.

Hasta ahí el caso, ¿qué puedo aprender de este caso para aplicarlo en mi negocio?

Cada crisis trae oportunidades, como en este caso para la industria farmacéutica. Hay otras más favorecidas, súmate a una tendencia. Kodak nos invita a pensar que nunca es tarde.

Pero Kodak está invirtiendo dinero del gobierno y este mismo se encargará de llenarlo de pedidos. Esa no es una situación normal; si vas a invertir tu dinero o el de tus socios para dedicarte a algo en donde no tienes experiencia y no es tu giro principal, tus probabilidades de fallar aumentan. Si fabricabas camisas y ahora quieres vivir de producir cubrebocas, te deseo mucha suerte. La vas a necesitar.

Cuida lo que comunica tu marca, ya sé que es momento de innovar y que a ti te gusta mucho, pero lo tienes que hacer con enfoque estratégico. Tus nuevos productos deben comunicar el mismo beneficio de tu marca, si no, ocupas una nueva. Deben ir al mismo mercado que ya atiendes, si no, ocupas un área comercial nueva. ¿Anti-Covid Kodak?

Realiza continuamente el ejercicio de imaginar que eres una nueva e innovadora competencia. Implementa para tu empresa lo que piensas que haría tu rival. Todas las industrias están siendo reinventadas, ¿por qué no reinventas la tuya? No intentes proteger una forma de trabajo o producto que se está quedando obsoleto. No seas el Kodak en la transformación digital de la fotografía.

Es más fácil decirlo que hacerlo; pero qué beneficioso sería para ti, para mí y para todos, aprender en cabeza ajena. Aprender de un par de ejemplos de este caso podría evitar la muerte de tu empresa o, mejor aún, dirigirte al éxito.

¿Walmart comprará TikTok? ¿En serio?

Hoy por la mañana leía la noticia de la caída de USD 2000 millones en los ingresos trimestrales de Macy's. Pensaba en la difícil tarea que tienen las empresas retail en estos tiempos y cómo se había engrosado el cementerio empresarial de empresas de este tipo (JC Penney, Neiman Marcus, etcétera). Luego pensé: "Espérame tantito, hace unos días Walmart anuncio que intentaría comprar, junto con Microsoft, a TikTok. Esto no encaja, es una medida o muy inteligente o muy tonta, pero para nada mediocre... revisemos". Dicen por ahí que tiempos extraordinarios requieren medidas extraordinarias, sin duda esta lo es.

Walmart es una empresa dedicada al comercio, con cincuenta y ocho años de antigüedad, y cuya promesa es: precios bajos siempre. TikTok es la aplicación de moda para compartir videos y nació hace sólo cuatro años en China.

La marca Walmart seguramente sonará muy aburrida para los menores de veinticuatro años de edad, el cual es el principal grupo de audiencia en TikTok. ¿Cuál es el grupo de edad menos representativo en la clientela de Walmart? Adivinaste: menores de veinticuatro años. Entonces, ¿cuál es la estrategia detrás de esto? O ¿se volvieron locos?

¿Walmart cambia de giro?

Calma, no estamos en un caso similar a Kodak volviéndose farmacéutica. Definitivamente no. Walmart es y seguirá siendo una empresa dedicada al comercio.

Una tendencia que se ha acelerado durante esta crisis es la del comercio electrónico, esto es muy conocido; lo que no lo es tanto, es que una línea estratégica muy importante para las redes sociales crezca rápidamente en el comercio electrónico. TikTok vio la oportunidad cuando sus usuarios incorporaban ligas en sus videos a sus tiendas en Alibaba, así que decidió integrar la solución completa, quedándose con la transacción electrónica y el *hosting* de la tienda. No estamos hablando de cualquier cosa, este año se venderán USD 140 000 millones en China a través de *livestream*, el doble del año pasado (Bernstein). Así que Walmart quiere vender a través de TikTok.

Lo que hace que a nivel estratégico esta compra tenga sentido es que Walmart visualiza a TikTok como un **canal de venta y mercadotecnia,** no como una **nueva línea de negocio**. Esto hace que esta aventura no sea una locura.

Ya tiene sentido que Walmart compré TikTok, pero ¿por qué con Microsoft?

1. Amazon. Esa es la respuesta sencilla, ambas empresas tienen una lucha encarnizada contra Amazon en diferentes trincheras, Walmart en comercio y Microsoft en computación en la nube (Amazon tiene AWS y Microsoft Azure). Walmart ven-

de 50 % más que Amazon, pero su venta online es siete veces menor (en USA), sin embargo, de abril a junio la primera creció 97 % y la segunda 22 %.

2. Son empresas con alianzas. Hoy por hoy, ambas empresas tienen sociedad en algunos proyectos (Team8) y Walmart es cliente importante de Microsoft con Azure, quien administra la operación de su tienda en la nube.

3. Microsoft ganaría en la compra de TikTok, ya que ofrecería los servicios en la nube a todas las tiendas incorporadas en el e-commerce de la plataforma.

¿Qué puedo aprender de esto?

1. **Piensa en oportunidades.** Antes que nada, la postura mental de intentar cosas extraordinarias para seguir creciendo. Son épocas difíciles, pero de estas siempre ha habido, y seguramente el futuro te traerá peores. Todos los problemas traen oportunidades; en épocas más normales, Walmart tal vez no hubiera intentado algo así.

2. **Genera alianzas.** Walmart y Microsoft se complementan perfectamente. Encuentra esas empresas en donde se potencialicen sus atributos. Abre tu mente, si se puede. ¿Qué empresas fortalecerían el valor que agregas a tus clientes? ¿Qué empresas te permitirían llegar a más clientes de tu mercado?

3. **No te disperses.** Intentar cosas extraordinarias no implica suicidarse. Walmart NO cambió de giro, sólo abrió un canal de ventas nuevo. En Salexperts, consultoría, nos rehusamos por mucho tiempo a abrir cursos, ya que eso nos desenfoca-

ba. Caímos en cuenta que los cursos son una forma de vender consultoría y ha sido una diferencia positiva, significativa.

Este caso me ha resultado muy interesante y sin duda he aprendido de él, espero haberte ayudado a que tú también te hayas quedado con algo. Si lo encontraste, compártelo en mis redes para que todos podamos aprender de ello. Algo que te sirva en tu negocio, algo para hoy. El mundo está cambiando muy rápido... ¡Walmart compraría TikTok!

Lo que hace que a nivel estratégico esta compra tenga sentido es que Walmart visualiza a TikTok como un canal de venta y mercadotecnia, no como una nueva línea de negocio. Esto hace que esta aventura no sea una locura.

Best Bye

¿Por qué Best Buy deja México? Vaya que esa noticia nos ha sorprendido a muchos. En primer lugar, ha sido una experiencia agradable ir a las tiendas hechas a imagen y semejanza de las americanas, con un surtido extraordinario de *gadgets* y un buen servicio del personal (quienes fueron los primeros sorprendidos al enterarse por las noticias: que pasarán a ser desempleados a partir de diciembre 31). En segundo lugar, la duda más importante es saber los motivos reales que tienen para dar semejante paso.

Vayamos primero a las declaraciones oficiales. Fernando Silva, presidente de Best Buy México: "Los efectos de la pandemia han sido profundos y no es viable mantener nuestro negocio en México".

Corie Sue Barry, Best Buy CEO, en resumen dijo que, como resultado de un análisis "from top to bottom (de arriba a abajo)", asegurarían que los recursos estén alineados a las oportunidades que ven en el futuro.

En síntesis, oficialmente nos ofrecen dos elementos:
1. Efectos de la pandemia de COVID-19.
2. Reasignación de recursos a oportunidades.

Dentro de las primeras reacciones de especialistas y medios, se han incorporado otros dos elementos:

1. Transformación de la empresa al e-commerce.
2. Riesgos en el futuro del país.

Hagamos un breve análisis de cada una de ellas.

1. **Efectos de la pandemia**. Como hemos aprendido este año, el término "pandemia" implica que la epidemia se ha vuelto mundial. Hoy en día, Best Buy tiene operaciones en tres países: Estados Unidos con 991 sucursales, Canadá 168 y México 45. ¿Por qué cerrar sólo México, si el efecto es mundial? Hasta donde me quedé, el país más afectado es Estados Unidos. Por otro lado, si el efecto de la pandemia ha sido tan fuerte, ¿Cómo es posible que las ventas comparables por tienda hayan subido 27,3% en México y Canadá? Y para cerrar este punto, ¿por qué tomar decisiones de efecto de la pandemia, justo cuando estamos a semanas de tener varias opciones de vacunas contra el COVID-19?

2. **Reasignación de recursos a oportunidades.** Las operaciones internacionales (México + Canadá), quitando los costos por cerrar México, tendrían una utilidad de 5,2 % de las ventas. No sé cuánto aportó cada país a ese resultado, sin embargo, lo que si sabemos es que de los USD 1000 M de ventas internacionales, México aporta el 40% de esos ingresos, pero lo hace con el 21% de las sucursales. Por lo tanto, el ingreso por tienda es alrededor del doble. Seguramente habrá oportunidades dentro de su estrategia de ventas con mejor tendencia que México, pero el país no parece estar quitando recursos a las demás iniciativas.

3. **Transformación de la empresa al e-commerce.** Ni siquiera haré el punto de la tendencia al comercio electrónico en

cualquier producto, y más en los que ofrece Best Buy. Ante la amenaza de grandes jugadores como Amazon y Walmart. com, Best Buy tiene que moverse agresivamente a este canal. Sus ventas crecieron 175% en este trimestre, lo cual indica que van por buen camino. Sin embargo, —y este es un gran *sin embargo*— el 40 % de sus ventas en línea son recogidas en tienda. Si la apuesta en México fuera al e-commerce, no cerraría TODAS sus tiendas.

4. **Riesgos en el futuro del país.** Resulta obvio que afecta el ánimo de las empresas internacionales invertir en un país con alta inseguridad, antagonismo del ejecutivo con empresarios, bajo estímulo a inversiones, cambiante marco jurídico, toma de casetas y vías férreas, etcétera. Sin embargo, en los últimos dos años el número de tiendas en el país creció de 35 a las 45 que existen hoy. El clima adverso no es de este año. ¿Por qué una decisión tan repentina y drástica? ¿Qué estudio de mercado hicieron?

Después de recorrer los cuatro criterios, no encuentro uno solo que justifique la decisión, lo más probable es que sea una combinación de éstos. Lo que es seguro es que necesitamos más empresas como Best Buy o Lowe's que permanezcan en el país, ofreciendo buen servicio y empleos formales y formativos a nuestros jóvenes.

Todos los problemas traen oportunidades; en este caso confiamos que empresas mexicanas pujantes (Steren, por ejemplo), ocupen el lugar que deja Best Buy.

Alianza Netflix Walmart. ¿Para qué?

¿Conocen el concepto del "Club de las 5 am"? Pues soy miembro, mucho antes de que Robin Sharma lo bautizara de esa forma. Sin embargo, a diferencia de lo que dice Robin, mis primeros minutos del día no son para hacer ejercicio, sino para informarme. Sin duda hacer ejercicio te despierta rápidamente, pero con el nivel de noticias que ha tenido el mundo en los últimos tiempos (pandemias, calentamiento global, crisis, etcétera), me atrevería a decir que te despiertas más rápido.

Las noticias de alto impacto son generalmente "negativas". Sin embargo, dentro de estas, hay otras más que me encantan por ser positivas y por el análisis que se requiere para comprender sus implicaciones en el mundo empresarial y, por consecuencia, en la sociedad. Por ejemplo, que la nueva carrera espacial no es entre USA, China y Rusia, sino entre Amazon, Space X y Virgin.

Otro tipo de noticias empresariales que me gusta leer son las alianzas. Por ejemplo, siendo Walmart un retailer y Netflix una plataforma de contenido, ¿por qué buscan una alianza?, ¿qué podemos aprender de ésta para llevarlo a nuestros negocios?

La alianza consiste en vender a través de Walmart, productos originales de las series de Netflix. De entrada estarán disponibles las camisetas de *El juego del calamar*, los reproductores de casetes de *Stranger Things* y ropa de cama de *CoComelon*, entre otros.

¿Qué gana cada aliado?

Netflix. Una nueva fuente de ingresos. Hacer merchandising de tu negocio core no es una jugada muy loca, considerando el ingreso millonario de Disney con los artículos de sus personajes o los 2,75 millones de camisas que vendió el equipo de fútbol Bayern Múnich en 2020. Netflix hace dos movimientos, el primero es diversificarse, que es independiente de la alianza; el segundo es la misma alianza, la cual le da penetración, ayudándole a llegar al mercado de clientes de Walmart.

Walmart. Mejora su oferta con productos exclusivos que no puedes encontrar en ningún lado... sobre todo en su archienemigo Amazon que, por cierto, también lo es de Netflix. Diferenciarse en producto, no sólo en precio, es una tarea no muy sencilla en la industria retail global.

¿Qué riesgo corre cada aliado?

Netflix. Siempre he dicho que la diversificación es un arma de doble filo. En algún momento, si no lo haces, muere la empresa; pero en otros, por hacerlo mal, sucede lo mismo. La empresa perdió en 2021 430,000 suscriptores en Q2 del FY21 en América del Norte. Lanzar la línea de merchandising no mejora su negocio original de contenido online. Si su producto core está perdiendo competitividad frente a los nuevos jugadores (HBO, Disney +, etcétera), esa debería ser su preocupación principal, no andar lanzando merchandising. Como hemos dicho muchas veces aquí, la tendencia a largo plazo no te la da el esfuerzo comercial, te la da el PRODUCTO.

Walmart. A diferencia de Netflix, Walmart no tiene mucho en juego. Están incorporando una línea de productos a los miles que ya tienen. Tal vez, dependiendo los acuerdos que tengan, pudiera poner en riesgo la venta actual de productos Disney, ya que éste es competencia de Netflix en contenido online. Sinceramente, no lo creo, puesto que Amazon también vende Disney.

Aprendizaje

Si buscas todos los tipos de alianzas posibles, vas a encontrar enormes listas muy poco digeribles. Acorde a la metodología de Salexperts, podemos sintetizarlas en solo dos tipos:

1. Te dan más clientes (ver CCO en salexperts.com).
2. Te mejoran el producto (ver CGP).

Antes de decidir qué alianza considerar, tienes que analizar realmente qué es lo que necesitas. Hacer alianzas estratégicas suena muy bien y nos hace sentir muy fregones, pero sacar provecho real de ellas es casi siempre más difícil de lo que parece (ejemplo AOL-Time Warner).

Si requieres incrementar la base de clientes y la alianza que buscas fortalece el producto, podrías condenarlo a la mediocridad; si es al revés, tu negocio podría acelerar su muerte.

Nishiyama Onsen

¿ Sabes cuál es la empresa que más tiempo ha existido en el mundo? Nishiyama Onsen, un hotel en Japón. ¿Cuántos años crees que tiene de existir? Piensa un número. Lo más probable es que el número que pensaste se quede corto, ya que estamos acostumbrados a recibir mensajes de empresas que presumen sus veinte, cincuenta o hasta cien años de antigüedad. Inclusive, algunas referencias empresariales longevas son General Electric y sus ciento veintiocho años, Barclays con trescientos treinta, o Dupont con doscientos dieciocho. Si pensamos en empresas icónicas mexicanas llegaríamos a Casa Cuervo (doscientos veinticinco años), Herdez (doscientos seis) o Liverpool (ciento setenta y tres).

Nishiyama Onsen se sale de cualquier parámetro al contar con mil trescientos dieciséis años. Recibió a su primer cliente ochenta y ocho años antes de la invasión vikinga a Bretaña y seiscientos años antes de que los Aztecas vieran el águila devorando la serpiente en Texcoco. Su historia es exquisita: fue concebida como una pequeña posada familiar con acceso a fuentes termales ubicadas en las faldas del Monte Fuji, siendo su fundador Fujiwara Mahito. Desde entonces ha recibido grandes figuras que incluyen a Tokugawa Ieyasu, emperador unificador de Japón. La empresa es familiar y ha sobrevivido durante cincuenta y dos generaciones.

Reconocidos gurús americanos como Jim Collins, por ejemplo, escriben continuamente sobre empresas que perduran. Sin embargo, es difícil encontrar referencias sobre esta empresa japonesa, siendo que sobresale notoriamente de los típicos ejemplos: Apple, Gillete, Southwest Airlines, 3M, Disney, etcétera, utilizados una y otra vez por estos autores.

Entonces, ¿qué podemos aprender de Nishiyama Onsen para llevarlo a nuestras empresas o a nuestra vida? Analizando un poco, encontré estas cuatro interesantes características:

Misión sostenible. "Ser uno con la naturaleza" es el propósito declarado. Sus aguas termales, su localización en medio de una hermosísima naturaleza y su cuidadoso diseño y decoración amigable con su entorno, lo colocan en una posición única. No hay grandes amenidades, pero para los que buscan tradición y naturaleza, este lugar es muy difícil de superar. No importa en que país vivas o en cuál época, "ser uno con la naturaleza" es una misión que ofrece un beneficio que siempre tendrá mercado. ¿Tu misión podría permanecer por mil años?

Diferenciación, no todo es tecnología. Nishiyama Onsen no tiene wifi. Un valor básico del hotel es la tradición. Si tienen una antigüedad de mil trescientos dieciséis años, ¿quién puede vencerlos en este rubro? Sostienen que la experiencia en sus alojamientos debe ser completamente japonesa; así que mobiliario, decoración, alimentación y reglas de comportamiento van en sintonía directa a esta cultura. Tal vez en el futuro los huéspedes lleguen en vehículos voladores a la puerta del hotel, pero entrando, a apagar celulares.

Servicio. Así como recibieron al emperador Ieyasu hace siglos, de la misma manera atienden a cada visitante: con un trato digno de rey.

Humildad. Hay dos elementos que he decido juntar en un solo punto, ya que ambos tienen como fundamento la humildad:

a. El hotel tiene solo treinta y siete cuartos. Tiene esa cantidad desde hace cientos de años y no parece que aspiren a tener más. En occidente pensamos que si has dejado de expandir tu empresa es un fracaso (de hecho yo lo diría... así se llama mi columna), pero los dueños de este hotel piensan diferente. Su poderoso (y humilde) enfoque a servir diligentemente a cada huésped, se contrapone a su expansión. Aun así, su longeva historia es prueba de su éxito.

b. Modelo de herencia. Durante los cincuenta y dos cambios generacionales en la administración del hotel, lo natural y común es que el dueño en turno lo herede a sus hijos. Sin embargo, si en algún momento no hay hijos o estos no son adecuados para dirigir el negocio, el dueño en turno "adopta" a un empleado competente. Así se asegura que el negocio quede "en familia", pero a la vez en manos capaces de continuar con su importante legado. Debemos aprender que primero es la empresa, para que siga generando valor a la sociedad, antes que los paradigmas tradicionales.

Sin lugar a dudas, la cultura empresarial occidental puede aprender mucho de entidades milenarias como ésta. Esperemos que dentro de seiscientos ochenta y cuatro años, Nishiyama Onsen celebre sus primeros dos mil años de vida.

Hay cosas que no cambian. Aprendiendo de los clubes deportivos

Hoy recibimos una llamada de otro club deportivo en búsqueda de una estrategia para regresar a su tiempo de gloria, la tercera del mes. No me extraña, ya que últimamente la han tenido difícil. En la década de los sesenta y setenta se fundaron en México la mayoría de los principales clubes deportivos. En cada ciudad existe un Club Campestre, Tenis Club o un Deportivo, nombres a los cuales sólo se les agrega su respectiva denominación de origen.

Desde su nacimiento, fueron un gran éxito por la novedad del concepto que integraba a toda la familia en actividades saludables, bajo un concepto de propiedad. La demanda era tan alta que no necesitaban vender proactivamente, sólo a atender interesados y filtrarlos bajo un riguroso proceso de aceptación. En poco tiempo las acciones se agotaron. Los clubes vivían su época de oro.

Los tiempos cambiaron en los últimos años y su situación ya no fue fácil. Las acciones empezaron a perder su valor al crecer su oferta. ¿Qué fue lo que cambio?

1. En el MERCADO la competencia ha subido considerablemente. Grandes cadenas de gimnasios modernos y atractivos han captado a un importante segmento del mercado meta de los clubes.
2. El Club "envejeció" junto con sus socios. El grupo de mayor edad ha sido el que tradicionalmente ha gestionado al club y ha enfocado sus esfuerzos a mejorar su propia experiencia, dejando de lado las mejoras al verdadero mercado meta: familias jóvenes en edad de comprar acción. El PRODUCTO ha sido por años cada vez menos atractivo para estos.
3. La nueva competencia cuenta con un agresivo plan de ventas y mercadotecnia. Los clubes se acostumbraron a no necesitar de estas importantes herramientas ya que los clientes "llegaban solos". No reaccionaron a esa agresividad comercial, su estrategia de COMERCIALIZACIÓN fue casi nula.

Les comparto la base que hemos diseñado en Salexperts como punto de partida para lograr retomar el crecimiento de los clubes y revalorar su precio de acción. Si tu negocio tiene un modelo de "suscripción" (consumo periódico de los clientes), estoy seguro de que puedes llevarte un par de ideas importantes.

1. Asegure la satisfacción de sus socios.

Los socios son los embajadores que cualquier plan necesita para garantizar el éxito. Si éstos están inconformes, no importa que tan bueno sea su plan, será boicoteado por la mala recomendación de los mismos. El 90% de los nuevos socios pidió recomendación a un socio actual antes de tomar su decisión.

2. Defina su mercado meta ideal.

¿Quiénes son los que compran acciones? En cada club es diferente, clarifícalo lo más que puedas. Edad, hijos, localización, etcétera. El plan estratégico: productos, servicios, canales de comunicación y venta deben estar alineados y orientados al mercado.

3. Plan de inversión en instalaciones y servicios nuevos.

Se requerirán nuevas o mejores instalaciones teniendo como prioridad las necesidades de las familias jóvenes, nuestro mercado meta. Es importante adaptarnos a las tendencias del mercado.

4. Comunicación estratégica interna y externa.

Los socios actuales son parte importante de la solución y debemos comunicarles los planes para que se involucren y se conviertan en los embajadores de la nueva propuesta. Además, la comunicación al mercado, enfocada en los diferenciadores, es clave para captar prospectos.

5. Diseña e implementa la estrategia comercial.

Define la estructura del departamento comercial, sus procesos, métricas de éxito y promociones que se requerirán para la adquisición de nuevos socios. Convierte las visitas a las instalaciones, en toda una experiencia.

Así como se han transformado varios clubes siguiendo estos pasos, así puedes transformar tu negocio. No te hagas bolas: como lo hemos dicho muchas veces en este espacio, empieza por el mercado.

3

INGENIERÍA DE LA FUERZA DE VENTAS

Ingeniería de la fuerza de ventas

Introducción

Por algunos años nuestro crecimiento fue muy lento pues no estábamos utilizando nuestras propias metodologías, en casa del herrero, azadón de palo. Tenemos que considerar que los consultores pensamos, durante todo el día, el modo en que las empresas de nuestros clientes puedan crecer, de tal manera que no nos queda mucho tiempo para pensar en cómo crecer nosotros mismos. Pues bien, dentro de cualquier organización, el área comercial tiene como función pensar todo el día en cómo hacer crecer la empresa.

El error de no invertir en la formación de un área comercial, lo hemos encontrado en una gran cantidad de empresas pequeñas, donde los socios venden y operan al mismo tiempo, dejando el crecimiento solamente a las recomendaciones de los mismos clientes, su propia red de contactos, etcétera. El problema es que eventualmente, en el caso de un gran cierre de venta, el equipo se vuelca a la operación para satisfacer la orden y vuelve a dejar descuidada la comercialización. Esto genera una gran crisis: el área de producción entregó el gran pedido y está disponible, pero no hay proyectos nuevos.

En algún momento de lucidez, realizamos un autodiagnóstico y decidimos aplicarnos nuestra metodología. Así que invertimos en una estructura comercial profesional. Al pasar de "entre todos vendemos" a contratar gente muy competente para el área de ventas (CCO o Ciclo de Comercialización, ver artículo *Ley de la necesidad*), dimos un salto importante en el tamaño de la firma.

En CCO, se han desarrollado procesos comerciales muy efectivos, iguales a los que implementamos con los clientes, esta área ha formalizado algunos canales de venta incipientes: como red de consultores asociados, eventos, conferencias, seminarios, programas en RRSS y embajadores de marca.

Los procesos comerciales que hemos diseñado sirven para cualquier empresa con grupo de vendedores, bajo lo que denominamos Modelo de Intensidad. Esta es la manera más eficiente en que el director comercial asigna la intensidad comercial que genera su equipo con los clientes y prospectos. En nuestro afán de estar siempre buscando la mejor manera de satisfacer a los clientes, lanzamos nuestro software SEVEN (Sistema Estratégico de Ventas) el cual lleva, de manera automatizada, el modelo de intensidad. Con éste logramos una implementación más rápida y efectiva de las áreas comerciales.

Es muy bueno ver funcionar nuestros modelos estratégicos con los clientes, de eso vivimos, pero verlos funcionar con nosotros mismos no se queda nada atrás.

La Gerencia de Ventas NO VENDE

¿Suena polémico, verdad? Ya sé que lo primero que pensarán es: ¿Entonces, quién va a vender? La misión de vender corresponde a todas las áreas de la compañía. Alguna leí una frase que hubiera querido fuera mía: "La misión de las empresas es sólo innovación y comercialización". Las empresas desarrollan productos o servicios valiosos y encuentran la forma de venderlos. Dicho de forma simple, la principal aportación del gerente de ventas y su equipo es generar oportunidades de compra en el mercado (sí, dije compra, no venta, pero ese es otro tema). Es muy sencillo, permítanme explicarles.

Partimos del entendimiento que tiene Salexperts de las cuatro P's (Producto, Precio, Promoción y Plaza) y sobre lo que aporta cada una de ellas en las transacciones comerciales. Hay tres P's que corresponden a la formulación de la oferta de valor: Producto, Precio y Promoción. La atracción de esta fórmula en el mercado genera una demanda sobre los puntos de venta de la compañía, o sea, la P que nos faltaba: la de Plaza. Con esta separación podemos decir lo siguiente:

Si dos productos competidores comparten los mismos puntos de venta, el que tenga una mayor demanda venderá más.

Si tenemos un número constante de puntos de venta y la demanda de un producto mejora con el tiempo, cada punto venderá más.

Si la demanda del producto no cambia con el tiempo, pero incrementamos el número de puntos de venta, casi de la misma forma crecerán las ventas.

¿Fácil, no? Si llevamos las ventas, simplificadamente, a una fórmula matemática, así sería:

Ventas = (# de puntos) X ($ venta por punto).

El gerente de ventas y su equipo son responsables ÚNICOS de tener más puntos de venta, mientras las áreas de desarrollo de producto y mercadeo (o alguna combinación relativa a estas funciones) se encargan de que en cada punto se venda más. Un ejemplo fácil para entenderlo es pensar en la venta de Coca Cola, donde la función principal del gerente comercial de la zona es tener siempre mayor cobertura (puntos de venta) y, desde luego, más que su competencia. No obstante, la venta de cada punto está dada por factores fuera de su alcance como el posicionamiento de marca, la competencia, las promociones, el precio, etcétera. Su aportación, para que Coca Cola venda más, es tener más puntos de venta.

Complicando un poco más el modelo básico, podemos decir que hay de puntos a puntos. No es lo mismo una tienda de conveniencia en una esquina de alto tráfico y visibilidad, que otra dentro de una colonia nueva. Tampoco es lo mismo un vendedor con una visita diaria que otro con cinco. Los puntos de venta se diferencian en su aportación a las ventas, de acuerdo a la cantidad de oportunidades de compra que generen. Considerando esto, la fórmula se modifica de la siguiente forma:

Ventas = (# de oportunidades de compra) X ($ venta por oportunidad).

Mientras las áreas de ventas se enfoquen en generar más y mejores oportunidades de compra, podremos tener crecimientos continuos en venta. Esto, claramente, considerando que la demanda por el producto no caiga. Si logramos tener más puntos de venta, generando más oportunidades de compra pero no un aumento en ventas, tenemos que hablar muy seriamente del futuro de nuestro producto o servicio; esta es la conversación más importante que la organización debe tener. Si no hay métricas precisas de generación de oportunidades de compra, es muy probable que esta conversación llegue mucho más tarde de lo que debería.

La misión de la Gerencia de ventas es generar oportunidades de compra, medirlas y mejorarlas. Si no hace eso, no cumple con su aportación más valiosa a la estrategia de la empresa. Además, si no lo hace, nadie más lo hará.

¿Cuántos vendedores debo tener?

"Alberto, hemos tenido once vendedores en los últimos cinco años, ¿Por qué nos propones incrementarlos? ¿No te das cuenta de lo difícil de la situación económica actual? En realidad, estaba pensando en recortar la fuerza de venta para ahorrar gastos".

Así empezó la junta de esta semana con Patricia. Ella es una empresaria superactiva en el ramo del desarrollo de software, siendo su producto estrella uno enfocado a la administración de inventarios en plantas de manufactura.

"Paty, estás condenando tu empresa a la mediocridad. No sólo debes tener más vendedores, sino también los debes de especializar por mercados, líneas de producto y tipos de cliente. Si realmente estás comprometida con el crecimiento de tu empresa, no veo opción B". Me parecía un punto clave de la junta, así que dejé las palabras empáticas para otra ocasión.

La respuesta a la pregunta: ¿Cuántos vendedores debo tener? Se responde normalmente por los directores de empresas, bajo paradigmas equivocados, y es continuamente cambiada por otras equivocadas como:

- ¿Cuántos vendedores puedo pagar en este momento?
- ¿Cuántos vendedores puedo administrar con la estructura actual?
- O una peor, ¿qué porcentaje de mis empleados deben ser vendedores?

En el modelo de dimensionamiento de fuerza de ventas de Salexperts, partimos del mercado para resolver este cuestionamiento. Toda estrategia parte del mercado, nunca me cansaré de decirlo.

Para conocer cuántos vendedores debes tener, te ofrecemos este método de cuatro pasos:

1. **Define y mide tu mercado.** Conocer a qué mercado te diriges y su tamaño, es una pieza muy importante para la estrategia. Entre más pequeña sea tu empresa, más acotada debe ser esta definición. En el caso de Patricia, el segmento "plantas de manufactura" resulta tan amplio que su participación era irrelevante, así que lo acotamos a "plantas de manufactura del sector automotriz, de entre cien y doscientos cincuenta empleados en el bajío". En este punto, debes estimar tu participación de mercado aproximada. Recuerda: "tu mercado debe ser suficientemente grande para poder crecer, pero suficientemente chico para no ser irrelevante".

2. **¿Qué participación de mercado se merece tu producto?** Sé que es una pregunta muy difícil de responder, pero tenemos que valorar la respuesta de la manera más educadamen-

te posible. Para determinar la participación que merecemos, debemos considerar dos factores básicos: nuestras ventajas contra la competencia y que éstas sean realmente decisores de compra de nuestro mercado. Este ejercicio deberá sustentarse en la mayor medida posible en estudios de mercado, no en tus ideas preconcebidas.

3. **Análisis del canal de venta.** Analicemos las ventas por vendedor (o punto de venta dependiendo del tipo de negocio en que participes), para asegurar que estos sean rentables. Es indispensable reestructurar la fuerza de ventas para asegurar la mayor eficiencia. No podemos escalar pérdidas, primero aseguremos la rentabilidad del canal y luego lo crecemos. En este punto, tenemos que determinar cuántos clientes puede manejar cada vendedor y con cuántos es rentable.

4. **Dimensionar el canal de ventas.** Ya tenemos el factor de crecimiento, el cual se calcula dividiendo la participación de mercado deseada entre la actual. Este factor de crecimiento se multiplica sobre tu fuerza de venta actual con los puntos clave determinados del inciso anterior y el resultado es la fuerza de venta que debemos tener. Asegúrate que los puntos del 1 al 3, hayan sido consistentes en el uso del mismo mercado.

Es importante elaborar un plan para incrementarla de forma gradual, ordenada, autofinanciable y considerando la capacidad de absorción de la organización.

No tomes decisiones basado en creencias, construye tu fuerza de ventas de forma objetiva y con sustento.

¡Ve por la participación de
ventas que mereces!

Clintecéntrico

Si las áreas comerciales donde trabajas tienen nombres como *Telemarketing, Venta Directa, Retail*; entonces tu empresa está enfocada en el proceso o tarea (tareacéntrica). Si tienen como *Maquinaria pesada, Celulares Alta Gama* o *Equipo de seguridad industrial*; entonces tu empresa está enfocada en el producto (productocéntrica).

¿Y el cliente? Más veces de las que nos damos cuenta perdemos el enfoque que significa (o debería significar) la razón de ser de nuestras empresas: EL CLIENTE. Como su nombre lo indica, las organizaciones **clientecéntricas** (*CC*) tienen al cliente en el centro de su organización, pero, ¿qué implicaciones tiene esto?

Te sugiero que califiques del uno al diez qué tanto consideras, así a botepronto, que tu empresa es *CC* antes de seguir leyendo. Veamos cómo cambia para el final del artículo. Revisaremos seis puntos de control que debes considerar al convertir tu empresa: Misión, Cultura, Estructura, Conocimiento, Procesos e Indicadores.

1. **Misión**: ¿Menciona al cliente? Como dijimos en un apartado anterior (¿A qué te dedicas?), deberá reflejar al cliente y el valor que va a recibir de tu empresa. Un error general es que las empresas mencionan en su misión su excelencia en hacer productos o servicios. Ejemplo: "... proporcionar soluciones innovadoras en ..."

2. **Cultura**. Una forma de observar si tenemos una cultura *CC* es observando la relación entre las veces que se escucha la

pregunta "¿cómo van las ventas?" contra "¿qué tan satisfechos están nuestros clientes?" Si el área de ventas genera una alarma a causa de un cliente importante insatisfecho, y esto no genera participación activa del director comercial, del director general o de cualquier otra dirección de apoyo, entonces estás lejos de tener una cultura *CC*. Steve Wynn ofrece a sus empleados de la cadena de hoteles la misma comida que a sus huéspedes; entiende que para que un empleado entregue alta calidad en servicio, debe recibir un trato similar de su empresa.

3. **Estructura**. Una estructura organizacional *CC* es invertida, donde el jefe de todos es el cliente. Si el cliente es el jefe máximo, ¿quién sería el siguiente nivel de la estructura? Ojalá hayas pensado que el ejecutivo de cuenta; si no, te quitas algunos puntos en tu evaluación. En una estructura *CC*, todos internamente son clientes de alguien más; por lo que la relación entre los diferentes niveles es similar al del cliente final. En Salexperts tenemos un modelo de círculos concéntricos donde el núcleo es el cliente y la capa exterior es el director general, quien se convierte en el facilitador general de clientes satisfechos.

4. **Conocimiento**. Para que las buenas intenciones de una organización con alta cultura *CC* realmente funcionen, tienen que estar apoyadas en conocimiento para generar valor. Una organización *CC* comparte democráticamente el conocimiento adquirido con todos sus miembros (Adobe por ejemplo) para que cada quien, desde su trinchera, encuentre la forma de generar el mayor impacto al cliente con la menor inversión.

5. **Procesos**. Una empresa *CC* debe tener procesos establecidos que la soporten, tales como identificación de necesidades de clientes (incluye internos), creación de nuevos productos basada en éstas, procesos de comunicación abiertos (no como mecanismo de control), etcétera.

6. **Indicadores**. Un indicador productocéntrico común es la venta o *Market share* por producto; el equivalente para empresas *CC* sería: Venta por cliente y *Share of Wallet*. Un indicador que te da el enfoque a largo plazo que implica esta visión es *Lifetime Value* (valor en la vida del cliente), este te hará ver la gran importancia de mantenerlo. Otros indicadores a aplicar durante las conversaciones con un cliente es el NPS, o sea, el nivel de recomendación que daría de nuestros servicios.

En estos tiempos de empoderamiento de los clientes a través de tecnología y acceso a la información, cada vez más debemos ser *CC*. Antes era una ventaja competitiva, ahora es una necesidad de supervivencia.

En Salexperts tenemos esta frase: "No busques un mercado para tu producto, diseña un producto para tu mercado". Dicho de otra forma, no vendas productos, sirve a tus clientes. Ahora, ¿cómo calificas la *CC* de tu empresa?

Células
multidisciplinarias

Durante un diagnóstico en una empresa grande de transportación marítima, repasábamos la lista de clientes con sus ventas anuales históricas. Al llegar a una compañía petrolera internacional, nos sorprendió su alta participación en los ingresos, los cuales representaban un 42,7 % del total. Eran cientos de millones en ingresos. Estaba asignada, desde hacía varios años, a un ejecutivo senior que justo acababa de presentar su renuncia la semana anterior. Esto era particularmente delicado, por la importancia de las relaciones personales y que le tomó años a este ejecutivo desarrollar.

Al escuchar la noticia, no pude emitir una sola palabra durante algunos segundos, debido al shock generado por el riesgo en que se ponía la empresa ante esta situación.

—¿Alguien más tiene contacto con la empresa? Tú, como director comercial, ¿hacías acompañamientos en sus citas? —Pregunté.
—Sí, las hacía, pero la última fue hace seis meses; algunos contactos que visité ya no están. —Respondió el director comercial con cara de culpabilidad.
—¿Hasta qué día trabaja el ejecutivo? —Pregunté, casi sin querer escuchar la respuesta.
—Una semana más. —Respondió, mirando al infinito.

A partir de esa situación, que presagiaba una desgracia, partimos el trabajo de las siguientes horas en dos partes: la urgente y la importante.

La urgente, como seguramente habrás adivinado, fue un plan de visitas a los principales contactos en la empresa, donde el director comercial acudiría personalmente; no era momento de delegar una responsabilidad de ese tamaño a otro ejecutivo de ventas.

La importante consistía en rediseñar la estrategia comercial, para que este problema no volviera a suceder. Además, sería una excelente oportunidad para mejorar el desarrollo de las cuentas, el servicio al cliente y la generación de nuevos productos, todo esto mediante el rediseño. El modelo a implementar sería el de células multidisciplinarias.

Concepto de células multidisciplinarias

Este modelo comercial funciona mejor cuando nuestro mercado son clientes grandes con necesidades complejas, como el caso de este artículo; sin embargo, también podría funcionar para empresas con clientes más pequeños, ajustando ciertos parámetros. La idea general es que este grupo de clientes con características similares sean asignados a células en lugar de una sola persona. Estas estarán formadas por un equipo de personas con diferentes conocimientos y habilidades, de varios departamentos, no solamente del área comercial. Una persona del área de producto u operaciones podría agregar mucho valor y, en algunos casos, una persona de legal para apoyar en temas contractuales.

Desarrollo de cuentas

Esto significa vender más de nuestro producto actual, así como otros productos de la empresa. Las cuentas grandes generalmente tienen varias áreas o divisiones que son clientes potenciales, y es común encontrar que únicamente se esté cubriendo las necesidades de una. Dentro de las habilidades comerciales de la célula, debe haber *hunters* para buscar esas nuevas oportunidades y *farmers* para su desarrollo una vez captadas. Si en alguna negociación requieren el apoyo de un especialista de producto para explicar mejor el nuevo servicio a ofrecer, tendrán uno dentro de la célula.

Mejora en servicio a clientes

Los *farmers* dentro de la célula tienen la función principal de atender al cliente, para las situaciones críticas del servicio contarán con el apoyo de la persona de operaciones quien acudirá a escuchar las necesidades como responsable de la solución.

Generación de nuevos productos

Aunque la parte comercial tiene la mayor carga operativa, el resto de los miembros de otras áreas funcionan como apoyo en puntos clave, todos estarán sensibilizados de las necesidades del cliente desde diferentes perspectivas. Las células tendrán sesiones periódicas para revisar el servicio, el desarrollo y las oportunidades para nuevos productos.

El director comercial implementó el plan rápidamente y los resultados llegaron de la misma forma. La inteligencia colectiva al servicio del cliente.

Estructura comercial pospandémica

A yer, mientras caminaba por el cerro, escuché una anécdota de Einstein: Cuando era profesor, puso un examen a sus alumnos y fue cuestionado porque era el mismo del año anterior. Respondió que si bien las preguntas eran las mismas, las respuestas habían cambiado. Exactamente, lo mismo podemos decir ahora de las estrategias comerciales y de negocio.

Al escucharla, me vino a la mente una estrategia comercial que teníamos en proceso:

"Antes de la pandemia tenía oficinas comerciales en México y Guadalajara, ya es tiempo de regresar a ellas y desde ahí atender a todos nuestros clientes de esas zonas". Ese fue el comentario de Lázaro, el director de una empresa que comercializa materias primas a empresas grandes de la industria automotriz, pero también a pequeños talleres metalmecánicos.

En primera instancia, la declaración suena muy lógica; sin embargo, en este caso específico, esta estrategia no era la óptima debido a dos consideraciones:

- El impacto en los procesos comerciales, debido a la pandemia, ha cambiado la forma de atender y captar clientes.

- El diseño original de la solución comercial no era el correcto.

Así que me dispuse a explicarle nuestro razonamiento a Lázaro, ya que él estaba convencido de abrir esas oficinas, y el estancamiento en ventas que tenía su empresa lo presionaba a tomar decisiones apresuradas. Si no lo convencíamos, cometería un error y lo retrasaría del rumbo correcto un par de años.

En el primer punto, la pandemia fue un acelerador de tendencias como higiene, tecnología, medicina y, desde luego, colaboración a distancia. Antes de la pandemia, los procesos comerciales para la atención de clientes grandes que requerían soluciones complejas se basaban 100% (o casi, de repente había alguna junta por Skype) en las visitas presenciales.

Ahora, gracias a la repentina e inevitable aceptación generalizada de Zoom y equivalentes, por lo menos, la mitad de esa intensidad comercial se realiza virtualmente.

Entonces, estos clientes grandes pueden ser atendidos por una fuerza de ventas centralizada que nos permita elevar el perfil de los ejecutivos, un mayor seguimiento y acompañamiento, así como una asignación de cartera más perfilada, es decir, con el perfil de los ejecutivos en función a su experiencia.

Debido al tamaño del negocio con estos, los viajes reducidos serán rentables y gracias a su mejor especialización, el servicio ofrecido permitirá una mayor lealtad y desarrollo de la cuenta.

En el segundo punto, para explicar por qué la solución original no era la adecuada, acudimos al análisis de los procesos comerciales previos a la pandemia y revisamos las necesidades actuales de los clientes más pequeños. Este tipo de clientes no requieren de soluciones complejas y están muy enfocados al precio. Ni antes ni ahora esos clientes han requerido la presencia física de un ejecutivo. Entonces, ¿cuál es la necesidad de que hablen a la sucursal más cercana? ¿No será mejor que se comuniquen a un telemarketing centralizado? Las respuestas que propusimos fueron: ninguna y sí, respectivamente.

La solución de un telemarketing centralizado tiene sentido, ya que permite economías de escala, una mejor garantía de buen servicio y una capacitación consistente de la fuerza de ventas. El único punto en contra podría ser que al dejar de ser regionales, podrían tener un menor conocimiento de los clientes de dicha zona. Este sería un punto a solucionar durante la implementación comercial. No había necesidad de invertir en nuevas oficinas regionales.

Afortunadamente, convencimos a Lázaro y nos dio oportunidad de avanzar con el diseño de la estrategia comercial correcta. Al final, en tono de broma, le dije "gracias por la confianza, no dejaste que tu empresa tenga que resucitar como tu tocayo, hace dos mil años".

Reclutando estrellas

Léase el siguiente párrafo con voz de frustración: "No es posible que tengamos cuatro meses intentando reclutar vendedores, esto retrasa el proyecto. No lo podemos permitir. Quiero hablar con la persona responsable de este departamento. Si no tenemos la capacidad de contratar vendedores, ¿cómo podremos llegar a ser la empresa líder de nuestra industria?". Cuando le pedí a la responsable de reclutamiento el perfil que estaba buscando, me llegó con un formato donde venían veintidós (sin exagerar) características personales como requisito del puesto. La lista la recortamos a solo cuatro.

En otra empresa de refacciones, recomendé como vendedor a Hugo, un joven instructor de tenis del club donde juego. Él sobresalía sobre los demás por su proactividad, su actitud de servicio y su habilidad para tratar con los diferentes tipos de socios. Cuando en una empresa de refacciones que estábamos asesorando requirieron vendedores, no dudé en recomendarlo al gerente comercial. Este no lo aceptó, ya que no tenía su ingeniería terminada.

—¿Eso qué tiene que ver con sus posibilidades de éxito en la venta de refacciones? —Le cuestioné, sin lograr convencerlo.

Cuando lo convencí y accedió a su contratación, Hugo se había ido a vivir a Yucatán para dedicarse a promotor inmobiliario. Le ha ido tan bien, que no regresaría ni por el puesto del gerente que lo rechazó.

Es muy común entre colegas comerciales escuchar la frase "¡qué difícil es contratar vendedores!" De acuerdo, pero esto es principalmente derivado de lo mal que buscamos el talento comercial.

Mi opinión respecto a los factores más influyentes para el éxito de los vendedores estrellas es que están en el ámbito de la actitud personal; sin embargo, no podemos dejar de lado otros aspectos, como estudios, experiencia y demográficos. Estos rubros sí son importantes, pero hay que visualizarlos sólo como la plataforma de despegue. Esta debe ser la mínima suficiente, de tal manera que no descartemos potenciales estrellas por los requisitos que no aportan valor a la empresa o a sus clientes.

Estudios. Aplica para un vendedor de robótica que no haya estudiado electrónica o similares, ya que difícilmente podrá aprender pronto lo suficiente para ser valioso para sus clientes. Lo mismo un promotor financiero que no haya estudiado finanzas. ¿Cuánto tiempo de capacitación requiere una persona sin licenciatura para aprender lo suficiente de tu producto y poder tratar con un cliente? Si es menos de seis meses, no pongas esta restricción, capacítalo.

Experiencia. El requisito típico es experiencia en ventas. No sirve mucho si la experiencia está llena de malas prácticas. La experiencia en ventas puede ser sustituida por una reconocida actitud de servicio y de solución de problemas. Donde la experiencia sí es muy importante, es cuando se requiere contar con contactos en la industria.

Demográficos y otros. Además de lo políticamente incorrecto, los siguientes criterios no aseguran el éxito, por lo que no deberíamos considerarlos: edad, sexo, buena presencia, marca de la universidad, etc. Otros, como conocimiento de idiomas o disponibilidad para viajar son válidos e importantes.

Al final, el factor clave:

ACTITUD. Hay decenas de elementos que conforman este rubro, pero los indispensables para asegurar tener estrellas en el equipo son cuatro:

- **Empuje**. La intensidad comercial es el cimiento del éxito para el vendedor. Sin el trabajo arduo, no se llega lejos.
- **Aprender**. Los productos, los clientes, la tecnología y la competencia cambian. Un vendedor que no evolucione constantemente está condenado al fracaso.
- **Procesos**. En la alta competencia de hoy en día, el vendedor dicharachero que no cumple procesos está fuera de combate. Un área comercial efectiva conlleva procesos e indicadores.
- **Ambición**. Sólo una estrella va por los prospectos grandes, sin miedo. Dicho la anterior, ¿te contratarías a ti mismo?

¿Cuál es la misión del líder comercial?

Ayer, cuando regresaba de hacer una ruta de senderismo, me encontré con Gilberto después de muchos años de no verlo. Fuimos colegas en el área de tecnología en una empresa fabricante de computadoras (probablemente no la recuerdes: Data General). Gilberto me platicó que había continuado por la ruta ingenieril por muchos años hasta que recientemente recibió una oportunidad en la dirección comercial de una empresa que requería un cambio dramático y urgente en sus resultados.

Gilberto, conociendo mi ruta empresarial, me pidió ayuda: "Sé muy poco de comercialización y no tengo claro cómo dirigir el área. ¿Cómo le hago para ser exitoso en mi nuevo reto?". La verdad es que después de andar subiendo y bajando cerros me quedó poca energía para explicar, así que quedamos en un café al día siguiente.

El caso de Gilberto es muy común, donde las oportunidades para dirigir las áreas comerciales de las empresas pueden venir de las siguientes fuentes:

1. El mejor vendedor.
2. Un ejecutivo exitoso en otra área.

Ambas ideas pueden ser malas o buenas, pero no dependen del motivo que se utilizó para su designación. En otras palabras: ni ser un vendedor exitoso, ni un ejecutivo exitoso en otra área, te da ventajas para ser un líder comercial. Entonces, ¿qué si te ayuda a ser un líder exitoso?

En el café, conociendo su mente ingenieril, le sinteticé, de una forma muy sencilla, el gran reto que significa tener éxito liderando a un equipo comercial:

"Gilberto, es muy importante decirte que esta síntesis que te presentaré abarca todos los elementos que necesitas para tu labor de líder comercial y que no necesitas ninguno que no esté incluido. Con este modelo, va a ser más fácil para ti identificar dónde están tus carencias y oportunidades".

Tu reto es:
a. INTENSIDAD. Genera intensidad comercial de tu equipo y que el mismo sea cada vez más experto.
b. MERCADO. Conoce tu mercado y clasifícalo de acuerdo al retorno que puede ofrecerte.
c. ESTRATEGIA. Dirige la intensidad comercial hacia las mejores oportunidades en el mercado.

Veamos los tres puntos:
a. La **intensidad comercial** es el contacto con un cliente o prospecto que genera una oportunidad de compra. Entonces, ¿cuánto valor agrega un área comercial sin intensidad? Absolutamente nada. Un vendedor sin visitas, *zooms*, llamadas, es lo mismo que una sucursal en el desierto o una página web de

tu negocio sin visitas. Tu labor en este universo tiene dos elementos clave y el primero es: *generar esa intensidad*. ¿Cómo se logra? Motivación, supervisión, incentivos y metas claras de intensidad son algunas ideas.

El segundo elemento clave es el *conocimiento*. No es lo mismo que un contacto con el cliente lo haga tu vendedor experto o el novato. Tu labor es que tu equipo comercial sea cada vez más sabio. ¿Cómo se logra? Capacitación, coaching y retención del personal son algunos ejemplos.

a. Conoce tu **mercado**. Es increíble el grado de ignorancia de las necesidades y hábitos de los clientes que hemos encontrado a lo largo de dieciocho años de ayudar a las empresas a crecer. Gilberto, trabaja muy duro en esto. Todo tu mercado se puede dividir en dos grupos: *Clientes* y *Prospectos*. No hay más. Tu objetivo es clasificar cada grupo de acuerdo al potencial de retorno que puede ofrecer. La forma de clasificar es con un conjunto de criterios que cambian de acuerdo a cada empresa. Si es una empresa que le vende a las empresas, el ejemplo sería el giro o industria, tamaño, potencial de compra, localización, etcétera.

b. Finalmente, dirige la intensidad a los clientes con mejor clasificación (**estrategia**). Si en las dos anteriores dependes mucho de la actitud del vendedor, esta es solamente tuya como estratega.

Gilberto fue a meditar a la montaña en búsqueda de inspiración; espero la haya encontrado y logre ese cambio radical exitosamente.

Intensidad

Me decía Martín, director de ventas de una comercializadora de refacciones: "Alberto, me estoy partiendo la m... estoy trabajando al 110% de Intensidad y esto no levanta. No entiendo qué está pasando".

—Cuéntame, ¿por qué consideras que estás al 110%?
—Llego a trabajar muy temprano, salgo tarde, trabajo más de cuarenta horas a la semana, a veces salgo muy tarde preparando presentaciones para dirección y hago juntas diarias con mi equipo de ventas.
—¿Eso es Intensidad para ti?
—Pues claro, cómo no va a serlo si le estoy echando todas las ganas.

A continuación, le expliqué a Martín que si piensa que Intensidad es "echarle ganas", pues hay Intensidad que no implica vender más.

Martín me habló de un día típico en su rutina diaria:
1. Una hora en junta diaria con su equipo comercial.
2. Dos horas preparando presentación y reportes especiales a dirección.
3. Una hora en junta con dirección.
4. Una hora resolviendo eventualidades con su equipo.
5. Otra para analizar información.
6. Algo más de tiempo comentando con sus colegas.
7. Todo lo anterior dejaba un par de horas para clientes y prospectos.

Le explicaba que, en términos comerciales, Intensidad significa "Acciones que generan oportunidades de compra", y ninguna de las primeras seis lo cumple, así que ésas no son Intensidad. La Intensidad es un anticipador de venta y eso sólo se da al interactuar por algún medio con el cliente. Tu Intensidad como líder equivale a la suma de las Intensidades del equipo comercial.

Un vendedor que hace diez contactos en un día, vale más que nueve vendedores que hagan sólo uno.

En Salexperts, como parte del diagnóstico comercial, aplicamos una encuesta a grupos de líderes comerciales y encontramos que, en promedio, dedican el 17% de su tiempo a atender clientes actuales y solo un 8% a buscar nuevos. Demasiado poco para ser el motor de crecimiento de las empresas.

Por otro lado, tampoco es correcto pretender que el 100% del tiempo del equipo de ventas debe estar dedicado sólo a la Intensidad. Como he mencionado en otros apartados, es necesario un balance entre estas tres acciones: Estrategia, Aprendizaje e Intensidad. Lo que quiero recalcar en este escrito es que las ventas se cierran con Intensidad, es la vía por la que llegan las otras dos. Con la primera decides qué ofrecer y a quién, con la segunda cómo y cuándo, pero con la tercera haces que eso suceda. La Intensidad es como los cimientos de una casa; sin ellos, lo demás no funciona.

Para finalizar la plática con Martín, además de las ganas que le echa, también me comentó que tenía mucho estrés. Mi respuesta fue que el estrés, al igual que la inseguridad, ansiedad, depresión, negatividad, etcétera, no generan negocio. Ninguna te ofrece estrategia, conocimiento o intensidad.

No importa qué tipo de producto vendas, el concepto de Intensidad es el mismo. Por ejemplo, en retail, la intensidad, ya que está en función de la generación de oportunidades de compra, se mide en exhibición, tráfico, número de frentes, localización del producto, etcétera.

Por último, incorpora el concepto de Intensidad en tu vida. Es un anticipador de éxito, así que piensa y define a dónde quieres llegar y qué intensidad te llevará ahí. Si quieres ser estratega, lee; realizar mucho ejercicio no te ayudará a ser estratega. Si quieres ser atleta, entrena arduamente; de poco te servirá socializar. Si quieres ser un buen padre, pasa tiempo de calidad con tus hijos; poco te ayudará ver Netflix.

Santiago, el apóstol, también nos habla a su manera de Intensidad: "La fe, si no tiene obras, es fe muerta".

Intensidad significa "Acciones que generan oportunidades de compra"

Presupuesto de ventas 2022 sin sueños guajiros

**"El siguiente año creceremos un 20%",
fue lo que dijo esta semana Alejandro, el
director comercial, en la junta de consejo
de una empresa fabricante con clientes
empresariales en todo el país.**

—¿Me podrías explicar las bases de dónde sale ese número? —Lo
cuestioné.

—Sé que no me aceptarían menos y ni modo que me ahorque solo,
proponiéndome más.

Una conversación increíble, pero cierta, y más frecuente de lo
que te podrías imaginar. En esta misma semana, Victoria, directora comercial de una empresa de instalación de sistemas de seguridad, estaba intrincada realizando un modelo de presupuesto
al ultra detalle, asignando cuotas de venta a cada uno de los cientos de productos que venden.

Alejandro estaba siendo demasiado simplista, así como Victoria
demasiada complicada y ambos con altísimo riesgo de fallar. A
ambos les compartí cómo, desde mi punto de vista, debe hacerse un presupuesto de ventas que cumpla con ser sencillo, basado

en clientes, no en productos y alineado a acciones comerciales. Alejandro solo cumplía la primera y Victoria ninguna de las tres.

Mi propuesta es seguir estos pasos:

1. **Entender qué pasó este año.** En concreto, hay que saber lo básico: cuántos clientes tuvimos, así como cuántos vendedores (o puntos de venta) y cuál fue su venta promedio en ambos casos. Mejor sí tenemos a los clientes divididos por clasificación. Entendiendo lo que pasó en sólo esos tres conceptos, tendremos suficiente claridad estratégica de la situación actual.

2. **Proyectar escenario status quo.** ¿Cuánto venderíamos si siguiéramos haciendo exactamente lo mismo? Para cada cliente (de cierto tamaño en adelante) y basado en las tendencias encontradas en el punto anterior, proyectar la venta esperada para cada uno.

Para prospectos o venta nueva, proyectar en función a la capacidad mostrada de captación anual de nuevos clientes. En este punto entendemos lo que va a suceder si no realizamos cambios.

Como diría Einstein: "Locura es esperar resultados diferentes haciendo las mismas cosas".

1. **Proyectar 2022 con acciones.** Partiendo del escenario anterior, se construyó por cliente (clientecéntrico). Vamos a planear acciones por grupos de ellos, ya sea que estén unidos a través de un canal de venta o un segmento de mercado. Con esta base, hay que encontrar las oportunidades más fértiles

de crecimiento en venta para invertir en ellas. Por ejemplo, incrementar la venta promedio de clientes recurrentes a través de un nuevo producto o a través de una campaña de *cross selling*. Implementar un nuevo canal de venta para elevar el número de clientes nuevos en una nueva región o industria. Cada ejemplo mueve el número de clientes o la venta promedio a estos.

Desarrolla las mejores oportunidades hasta donde la capacidad de gestión e inversión de la empresa te permitan. Tu presupuesto anual sale de aquí junto con el plan general de acción.

Alejandro

Si no diseñas una solución de intensidad comercial detrás de tu meta de venta, no sabrás qué hacer y sólo llegarás a ésta por suerte.

Victoria

Los productos no forman parte del mercado ni tienen presupuesto, los clientes sí. Sigue el modelo clientecéntrico: siempre buscando cómo puedo ayudar a mi cliente, no a quién le vendo mi producto.

Además, en esta época de disrupciones tecnológicas cada vez más frecuentes, nuestros productos pueden quedar obsoletos en un instante, no podemos basar nuestras proyecciones en ellos.

¿Y si llevamos este modelo a tu vida diaria? ¿Ya visualizaste tu escenario de status quo? ¿Te da tranquilidad la ruta que llevas? O si no, ¿qué vas a hacer que sea diferente y cómo lo vas a medir?

Incentivos que desincentivan

Por Alberto Cárdenas Aldrete y Veronika Khaderenka.

Hace un par de semanas, Veronika (colega en Salexperts) y yo tuvimos una entrevista con Esteban, el director general de una empresa ranqueada en el top 10 del mercado mexicano de su industria. El objetivo era conocer la situación actual, entender los problemas comerciales que tienen, y diseñar una propuesta para apoyarles.

En algún momento de la conversación, hicimos la siguiente pregunta:

—¿Cuánto ganan tus vendedores?

—Tienen su salario fijo alto, muy por arriba del promedio en el mercado —respondió.

—Este esquema de pago fijo, ¿ha generado un buen desempeño del equipo? —le preguntamos.

—Los vendedores tienen en promedio siete años en la empresa, pero considero que el equipo se puso muy "flojo" y está en su zona de confort, ya que no cumplen la meta de venta establecida año con año — fue su respuesta, con cierto rostro de decepción.

—Entonces, ¿si no llegan a la meta, ellos están contentos con su ingreso pero la empresa no? —cuestionamos.

Esteban sólo levantó cejas y hombros como respuesta.

Veronika quedó impactada por el alto nivel de influencia que tiene la forma de recompensar al equipo comercial en los resultados de Esteban y se dio a la tarea de recopilar, entre los proyectos de Salexperts, los principales hallazgos en el tema. A continuación te compartimos paradigmas equivocados comunes, que impiden a los líderes tener un esquema de incentivos poderoso.

"Mi vendedor gana mucho, más que el director del área, ¡no puede ser!"

Si tu sistema de compensación promueve obtener el máximo potencial de los vendedores, puede pasar esto. Cuando un vendedor gana mucho en comisiones, debe significar que la empresa gana mucho más. ¡El esquema debe permitirte tener vendedores estrellas, no ahuyentarlos! Ponerle tope de comisiones a los vendedores es limitar su potencial.

"Los vendedores deben de ganar solamente comisión por su venta personal".

Aunque siempre habrá casos en los que funcione así, es una idea que cada vez pierde más vigencia. En la mayoría de los casos, el salario de un vendedor debería incluir, además de la parte fija y la comisión por venta personal, un bono de cumplimiento de la meta grupal. Cada vez más se usan equipos multidisciplinarios para atender a los clientes de una manera más completa y eficiente.

"Nuestra empresa es muy compleja y el esquema de comisiones también lo tiene que ser".

El sistema de pago debe ser claro, transparente y justo en opinión de todos los involucrados. Si tu vendedor no entiende cómo se calcula su comisión, jamás funcionará el esquema.

"Lo único importante es que en mi área estén creciendo las ventas".

Es el paradigma más riesgoso que hemos visto durante el diseño de las estrategias comerciales de muchas empresas. La condición más importante de un esquema de compensación es que esté alineado a la estrategia comercial, que el interés del vendedor y de la empresa vayan por el mismo rumbo. Considera:

a. Podría haber nuevos productos con un gran futuro para la empresa pero con poco valor para el presente del vendedor.

b. Podría haber productos con margen de utilidad diferente.

c. Hay cuentas clave muy importantes por su valor en el tiempo (CLV) o por su influencia en el mercado.

"A los vendedores sólo los mueve el dinero".

El dinero sí que es un elemento muy importante, pero no el único. Considera el reconocimiento como un driver motivacional imprescindible.

Al final de la conversación con Esteban, le comentamos: un sistema de compensación mediocre, atraerá a vendedores mediocres. ¿Quieres una empresa triunfadora? Diseña un esquema atractivo para las estrellas de las ventas.

La intensidad que te quede libre, si te es posible

Hoy tuve junta con José Ángel, gerente de una empresa distribuidora de suministros para la industria farmacéutica. Me dijo algo que es muy probable que te suene familiar.

—Disculpa que no me reporté en la fecha que acordamos, pero es que mi agenda está muy saturada. Además de liderar al equipo comercial y acompañar a los ejecutivos en las cuentas clave de la empresa (VIP), tengo otras tareas asignadas que me quitan mucho tiempo —comentó con cierto aire de importancia.

—Entonces, ¿tus cuentas más importantes están desatendidas?— pregunté.

—Para nada, sólo que tengo que planear bien a cuáles de mis cuentas VIP asignadas les dedico el poco tiempo que me queda disponible —fue su respuesta.

La respuesta de José Ángel suena razonable, ¿no es así? Y lo es desde la perspectiva de hacer el mejor uso del tiempo que le queda disponible. Sin embargo, desde la perspectiva de la gestión inteligente de la estrategia comercial, es una excelente manera de sentenciar a la empresa a dejar de crecer.

Bajo el principio **clientecéntrico**, con el cual desarrollamos las estrategias comerciales en Salexperts, los clientes no reciben la intensidad comercial (visitas, llamadas, zooms, etcétera) que nos sobran, sino las que requieren para ser atendidos al máximo. Con esto conseguimos:

1. Lealtad del cliente (que sigan con nosotros mucho tiempo).
2. Evitar la fuga de clientes para irse con algún competidor.
3. Introducir nuevos productos o servicios.

En la empresa de José Ángel, por diseño con el equipo directivo y basados en la experiencia y el análisis de mercado, establecimos que las cuentas VIP tienen que ser visitadas (combinación presencial y virtual) tres veces al mes. Pero ojo, el modelo no dice: "sólo si tienes tiempo para hacerlo" como lo ha sido en este caso, donde la competencia ya se ha llevado los clientes que apenas el año pasado estaban en su cartera.

Desde luego que el líder comercial puede no tener el tiempo necesario para atender su intensidad asignada, el tiempo es el recurso más escaso. Pero cuando esto sucede, se debe rediseñar la estructura comercial para que el cliente reciba la atención requerida. Hemos encontrado en algunos proyectos que las carteras asignadas a vendedores con larga trayectoria en la organización son inmensas y desproporcionadas para su capacidad de atención. En estos casos, es muy importante rediseñar la estructura comercial, o como le llamamos en la firma, la ingeniería de la fuerza de ventas. Este ejercicio puede terminar en un redimensionamiento del área comercial, una reasignación de carteras, la incorporación de un nuevo canal de ventas o una combinación de éstas.

Entonces, no se trata únicamente de administrar eficientemente el "inventario de intensidad comercial"; la estrategia comercial profesional debe analizar las necesidades del mercado y las oportunidades que en este se pueden generar para lograr diseñar una estructura comercial capaz de cumplirlos.

Para lograr implementar este tipo de estrategias, es necesario responder las siguientes preguntas:

- ¿Cuáles son los diferentes criterios que hacen a un cliente VIP?
- ¿Cuáles son los diferentes tipos de intensidad comercial que anticipan una venta?
- ¿Cómo participan los diferentes niveles de la organización (no sólo los vendedores) en dicha intensidad?
- ¿Cuál es la forma de relacionar a los clientes con esa intensidad?

Una importante responsabilidad del líder comercial es conectar el mercado con la intensidad de su equipo para maximizar su desarrollo y, al mismo tiempo, garantizar la rentabilidad para la empresa.

Así que nada de: "El tiempo que te quede libre, si te es posible, dedícalo a... tus clientes". Define el problema correctamente, no intentes solucionar qué hacer con el tiempo que te sobra, mejor resuelve cómo dar a tus clientes la intensidad comercial que requieren.

¿Outsourcing en ventas?

Esta semana recibimos dos llamadas solicitando el servicio de outsourcing de ventas:

- "Buenos días, somos una empresa de reciente creación que está buscando aprovechar las oportunidades del mercado que seguramente tiene nuestro producto. Queremos dejar el área comercial en manos de un outsourcing especializado".

- "Llevamos algunos años en el mercado y nos ha ido muy bien, hasta hace un par de años que dejamos de crecer. Pensamos que dejar el área comercial en manos de expertos es lo que necesitamos para el crecimiento de la empresa".

De acuerdo a nuestra experiencia de dieciocho años en consultoría en ventas, cuando una empresa busca un outsourcing de su área de ventas, corresponde a dos tipos de necesidades:

1. **Proceso no clave.** Delegar actividades complementarias de la venta, como promotorías o demostradores en punto de venta, levantamientos de información en campo, telemarketing, generación de DB, etcétera.

2. **Proceso clave.** Delegar completamente la responsabilidad de ventas, ya sea para toda la empresa, una región o para una línea de producto.

El primer grupo no representa mayor análisis. Es un proceso natural donde el outsourcing en ventas (OSV) agrega valor y la empresa mantiene el enfoque en su *Core Business*.

Dentro del segundo grupo de empresas, donde el planteamiento es "yo te doy el producto y tú te encargas de venderlo", hay buena oportunidad de ofrecerte conceptos que puedan servirte. Según nuestra experiencia, muchos empresarios buscan una solución milagrosa en lugar de soluciones estratégicas reales. En toda nuestra historia no hemos recibido una sola llamada pidiendo OSV por parte de empresas con tendencia positiva en sus ventas, gracias a productos con buena demanda.

Lo que realmente ha sucedido es que las empresas interesadas en este servicio se encuentran bajo dos escenarios:

a. Empresas nuevas cuyos productos no han tenido, aún, aceptación del mercado en la práctica.

b. Empresas con trayectoria que se encuentran en un bache prolongado de crecimiento.

En el escenario a) no es recomendable el OSV sin haber realizado antes un plan estratégico apoyado en un diagnóstico y/o pruebas de mercado. Un proyecto de OSV sin ellos representa un alto riesgo para ambas partes. La empresa deja de recibir retroalimentación directa del mercado, siendo una etapa donde los ajustes a la oferta de valor deben ser ejecutados rápidamente y, por parte del OSV, muy probablemente no tendría éxito en el proyecto (ocho de cada diez nuevos productos fracasan, Forbes).

En el escenario b), los empresarios normalmente identifican el problema como una mala ejecución de su fuerza de venta; si esto fuera cierto, el OSV quedaría muy bien; sin embargo, el mal desempeño de las ventas también podría ser resultado de cambios en el escenario competitivo de la empresa (nuevos competidores o cambios en los hábitos de consumo).

En ambos escenarios, podríamos estar atacando un problema real del producto con una solución comercial, lo cual podría implicar la muerte de la empresa (según el modelo de ciclos de valor de Salexperts).

Se recomienda considerar contratar OSV:

1. Si confirmas, con estudios de mercado, que el producto compite adecuadamente.
2. Si tu producto no es fácil de copiar o no está suficientemente diferenciado de la competencia.
3. Si haces planes para recibir retroalimentación directa, oportuna y estratégica del mercado.
4. Si logras que el cliente reconozca que su relación es con tu empresa, no con el OSV.
5. Si tu producto requiere toda tu atención para desarrollarse y cuentas con los puntos anteriores.

Siempre me gusta aterrizar la estrategia de crecimiento empresarial en la personal, ¿harías OSV de tus relaciones personales clave?

¿Internet para vender cualquier producto?

Eduardo, un cliente al que le desarrollamos la estrategia comercial y que vende servicios a grandes industrias, nos decía con mucho énfasis: "Ahora ya no se vende con llamadas y visitas; es más, tampoco por Zoom. Toda la prospección debe ser 100% digital, así que en lugar de vendedores, tendremos *community managers*, principalmente enfocados en LinkedIn". Si bien esto podría ser cierto para muchas empresas, para la de Eduardo claramente no. De hecho, es una postura descabellada, porque en el mercado al que va dirigido (industria pesada), su proceso de compra (decisión colegiada a través de licitaciones) y el tipo de producto que vende (complejo y difícil de explicar), en la transacción comercial tienen que interactuar personas. Estos errores estratégicos, son producto de una muy mala interpretación de las tendencias del e-commerce en las transacciones comerciales.

Es cierto que en esta época puedes comprar un Tesla desde tu computadora, también lo es que esto no aplica para todos los productos. Lo que sí es completamente cierto para cualquier tipo de productos es que no puedes seguir vendiendo a la "antigüita", es decir, sin considerar internet en alguna parte del proceso.

En los procesos comerciales el internet se utiliza de dos maneras: canal de venta o herramienta de apoyo.

Algunos principios que te pueden ayudar a clarificar cómo usar internet para tu empresa son:

Si tu producto es B2C (dirigidos al consumidor final), lo más probable es que se puedan vender hasta en un 100 % por internet. Aquí algunos ejemplos para artículos baratos: libros en Amazon, zapatos en Zappos, artículos deportivos en Decathlon o un iPhone en Best Buy. Siendo B2C, hasta funcionaría para artículos caros, como obras de artistas reconocidos, paquetes completos de viajes, Teslas, laptops, etc.

Si tu producto es B2B (dirigidos a empresas) sólo los artículos baratos, sencillos y de compra repetitiva podrían ser 100% por internet, como suministros para limpieza o mantenimiento. En el resto, aquel se convierte en una herramienta complementaria a la venta en diferentes etapas del proceso:

- El vendedor *push (vende mediante labor proactiva)*. Googlea directorios empresariales, investiga ejecutivos que formen parte del proceso de compra, genera contactos con ellos a través de LinkedIn u otras redes, investiga a la empresa target antes de contactarla por primera vez, etc.
- El vendedor *pull (vende generando demanda)* Publica sus productos o soluciones en sus redes, paga publicidad en Ads, escribe en blogs de la industria, etcétera.

Algo que he escuchado mucho, y que es el caso de Eduardo, es que LinkedIn ha sustituido el teléfono para prospectar. Esto es un error, es como si antes hubiéramos dicho que el teléfono sustituyó las visitas para vender o, en esta época pandémica, el Zoom sustituya al WhatsApp. Todas son herramientas diferentes y complementarias en el proceso de venta. Un ejemplo de cómo se utilizan y te van acercando a la venta, sería:

1. Encuentras en LinkedIn al ejecutivo de la empresa target y lo contactas.
2. Generas interés general en lo que ofreces a través de mensajes.
3. Concretas una llamada para mayor explicación y escuchar necesidades.
4. Das seguimiento a través de WhatsApp o correo y concretas citas para presentar propuesta o cotización.
5. Presentas propuesta por Zoom o presencial (hoy tienen el mismo efecto). Considera que Zoom no es solamente una herramienta digital ya que sobre esta se realiza una interacción personal en tiempo real.

LinkedIn, Google, Email, Teléfono, WhatsApp, Zoom y Visitas como herramientas complementarias para vender dentro de un solo proceso comercial.

Si tu producto es B2C y no tienes venta en línea, o si es B2B e internet no forma parte importante de tu proceso de venta, vas tarde.

Escalamiento

Me quedé sorprendido cuando escuché: "¿No se canibalizarán entre los puntos de venta cuando abramos los nuevos?" (por canibalizar se refería a que una venta en el nuevo punto habría sucedido de todas formas en el otro punto de venta anterior). El producto en cuestión se vende solamente en ciento sesenta puntos de venta, de los dos mil (aproximadamente) que hay en la ciudad. El producto de la competencia está en mil quinientos de ellos.

—Evidentemente, la canibalización no es el tema que debería de preocuparnos en este momento —respondí.

—¿Por qué no? —preguntó.

—Es doce veces y media (2 000/160) más probable que un cliente llegue a un punto de venta donde no están tus productos a uno donde si estén. ¿No debería de preocuparte más quitarle venta a la competencia?

—Pues ¡claro que sí! Siempre he pensado que merecemos vender mucho más. Solo tenemos el 3,2 % de participación del mercado. ¿Cuánto consideras que deberíamos tener? —me preguntó con cierto aire de decepción.

—40 % —le respondí con seguridad.

Cambiando su rostro de decepción a optimismo, escuchó mi razonamiento para llegar a ese número. Les comparto un resumen.

Durante el diagnóstico que hicimos para definir su estrategia comercial, encontramos que en los escasos ciento sesenta puntos de venta donde tenían presencia de producto, cuatro de cada diez artículos vendidos eran de ellos. Este excelente porcentaje es gracias a su buena propuesta de relación calidad contra precio. Su postura es la misma calidad que el líder, pero a un menor precio.

Sintetizando el problema, el producto merecía un 40% de participación de mercado, pero el área comercial le estaba entregando un 3,2% como consecuencia de una cobertura bajísima de solo el 8% de los puntos de venta. Es como si un gran grupo de doce pescadores estuviera en un estanque lleno de peces... con una sola caña.

El canal de ventas fue "escalado", o sea, redefinido para tomar un tamaño mucho mayor. El número de rutas crecería diez veces, dividiendo la ciudad por zonas, y se implementarían de dos en dos, cada vez que las primeras llegaran a punto de equilibrio.

Los cuatro elementos clave para diseñar un canal de ventas *escalable* son:
1. Tamaño del canal. Debe ser tan grande como la oportunidad de mercado que representa el producto gracias a su demanda.
2. Flexible a la demanda, que se adapte para captar las fluctuaciones de esta.
3. Impleméntalo gradualmente para asegurar una buena ejecución.
4. Rentabilidad. El canal debe ser rentable bajo indicadores observables claros.

Este caso me hizo recordar a la competencia por el mercado de periódicos populares en CDMX hace años. Un competidor contrataba a sus voceadores de periódicos como empleados, bajo un proceso de reclutamiento formal; y otro formó su canal a través de voceadores independientes, con una comisión agresiva. La demanda de ese tipo de productos creció rápidamente, así como la cobertura del segundo, quien captaba el nuevo mercado automáticamente, mientras el primero perdía su tiempo autorizando puesto por puesto.

Aprendizaje para ti

Empresario: escala sucursales, vendedores, puntos de venta, campañas online, etcétera. Líder comercial: escala tu conocimiento compartiéndolo con todo el equipo. Vendedor: si eres un vendedor experto, pero de bajo esfuerzo, escala tus clientes con un mayor esfuerzo. Si eres una persona con mucho conocimiento, encuentra foros en donde se genere más valor a los demás. Digo, a eso venimos al mundo; si no, ¿a qué?

SPIN Sales

"Alberto, tenemos una junta anual con los cincuenta y cinco miembros del equipo comercial, da un mensaje que les sirva a todos en su labor diaria de venta". Me pidió Jorge, mi cliente, amigo y socio.

Normalmente, escogería mi tema favorito para vendedores: *Intensidad, Conocimiento y Ambición*. Sin embargo, en la junta anual anterior ya había hablado de eso. Investigando qué tema sería útil para la fuerza de venta con algunos líderes comerciales, me recomendaron presentar alguna técnica de venta que les sirviera con sus clientes.

Pensando en alguna metodología de venta que sea empática con los principios de Salexperts, llegué a la conclusión que SPIN Sales era la indicada. Esta metodología sirve para los vendedores de todas las industrias en una interacción cara a cara (o ahora Zoom a Zoom) con el cliente.

SPIN es una técnica que podríamos definir como Socrática, ya que está basada sólo en preguntas, por lo que está orientada a las necesidades y valoraciones de los mismos clientes. Su origen proviene de la empresa Xerox (cuyos enormes aportes en innovación son injustamente poco reconocidos). SPIN es un acrónimo donde cada letra implica una etapa durante la interacción con el cliente:

S.- Situación. Preguntas para entender la situación de la empresa, de la persona con la que interactúas, tendencias de la industria, etcétera. Ejemplos: ¿Qué tipo de maquinaria utilizan? ¿Cuántos empleados tienen? ¿Cuál es el proceso de toma de decisión de compra? Por favor, no hagas preguntas sobre información del cliente que pudiste haber estudiado previamente en internet.

P.- Problema. En esta etapa diriges la conversación hacia la identificación de los problemas, necesidades o dolores a resolver. ¿El sistema actual es difícil de operar? ¿Cuál dirías que es la principal restricción del sistema para lograr tus metas? ¿Qué tasa de abandono de clientes tienen? ¿Cuál consideras que es el principal factor para el estancamiento en ventas?

I.- Implicaciones. Intenta cuantificar en tiempo o dinero las repercusiones de tener ese problema. ¿Cuánto es el costo anual del personal extra que requieres para operar esa complicada maquinaria? ¿Cuánto representa el valor de los clientes perdidos?

N.- Necesidad de solución. Esos problemas detectados en el segundo paso y cuyos efectos negativos calificamos en el tercero. Ahora pasemos al aspecto positivo de solucionarlos, ejemplos: ¿Qué beneficios económicos representaría contar con una maquinaria con mayor capacidad de producción? ¿Cuánto ingreso extra anual representaría un sistema para eficientar el esfuerzo comercial y que incremente el cierre de ventas del 10% al 15%?

Cuando presentaba este proceso de venta al equipo de Jorge me cuestionaban por qué aún NO habíamos hablado con el cliente de nuestro producto si ya recorrimos las cuatro etapas. Les aclaré que habíamos preparado la conversación para ello. A través de las preguntas, se logra que el cliente identifique y mencione los problemas que tiene, así como los beneficios de solucionarlos a través de una propuesta como la que estás a punto de presentarle.

De este punto al cierre de la venta, lo que falta es que hagas la presentación de tu producto conectándolo con la solución que el mismo cliente acaba de describir. Usa sus propios argumentos, e inclusive en los mismos términos. Olvídate de características del producto, sólo menciona beneficios.

¿Por qué me gusta SPIN?

- Produce confianza. Ya no vendemos, el cliente nos compra.
- Es 100% clientecéntrica, todo gira alrededor del cliente.
- Es generosa, ya que atiende sólo lo que es importante para el cliente, no para nosotros.
- Es empática, porque escuchar es la actividad principal.

Como todo lo que enseñamos en esta columna, las teorías aplican también en nuestras vidas. Imagina llegar a la casa en medio de un conflicto, ¿no sería inteligente usar SPIN? O sea: preguntar primero sobre la situación, luego clarificar realmente el problema, hacer ver todos las implicaciones que traería continuar así y los beneficios de las posibles soluciones.

No hay duda, ser un buen
vendedor te ayuda a ser
mejor persona.

El cierre de NO venta

Según pensé en ese momento, era el mejor cierre de venta en mi carrera, pero al final no fue así. Luis y Rodrigo son hermanos y los dueños de una compañía que se dedica a la fabricación de luminarias decorativas para fraccionamientos. Hace casi diez años querían crecer, convirtiendo una empresa pequeña en una mediana, en camino de ser grande. Su gran impedimento era el área comercial, donde no tenían una buena estrategia.

Gracias a la recomendación de un amigo, me contactaron para solicitar una propuesta de consultoría. Durante la presentación, todo pintaba bien para cerrar la venta, ya que había una necesidad clara de nuestros servicios. Al finalizar, la conversación se centró en que ellos necesitaban algo de tiempo para evaluar sus posibilidades financieras. ¡Ah! Pero yo quería cerrar la semana vendiendo. Apliqué un par de técnicas de cierre de ventas y de negociación. A pesar de que hubo resistencia, conseguí la forzada aprobación.

En la siguiente semana, estaba en el aeropuerto de Lima, Perú, para volar al Cuzco. Abrí el correo en mi Blackberry y leí un correo espantoso de Luis, avisando la suspensión de arranque del proyecto "hasta nuevo aviso".

¿Cuál fue el problema?

Ellos realmente no estaban seguros de poder adquirir el compromiso financiero. Durante la negociación los llevé al punto de "si no lo hacemos ahora, no sucederá nunca" así que los orillé a tomar una decisión que no estaban preparados para asumir.

Esta mala experiencia me ayudó a redefinir mi criterio personal sobre el proceso de cierre de ventas. Desde entonces, incluyo dos conceptos básicos:

1. No vendes, te compran.
2. Vende más una actitud de generosidad que mil técnicas de venta.

Con Luis y Rodrigo yo vendí, no me compraron; y tuve muy poca generosidad, porque mi objetivo era conseguir mi venta, no su beneficio.

Cuando realizas una venta ocasional de algo barato, como un accesorio de celular en un centro comercial o sartenes casa por casa, puedes usar técnicas de venta agresivas, cerrar el acuerdo y no volver a ver al cliente. En todas las demás ventas, buscamos relaciones a largo plazo con los clientes. Considera el valor del cliente a lo largo de su vida (CLV). Muy probablemente esa primera transacción represente menos del 10% del CLV. Si la venta inicial es forzada de alguna forma, la relación empezará dañada.

Como en todas las situaciones de tu vida, donde debes tomar decisiones importantes, la convicción emerge de ti. No evolucionas porque alguien te pide que lo hagas. Por otro lado, nuestra labor como vendedores es ayudar al cliente a tomar la mejor decisión. Esto lo logramos ofreciéndole, dentro de todas nuestras posibilidades (productos y/o servicios), la mejor forma de conseguirlo.

Actitud Generosa

A lo largo de mis más de treinta años de experiencia, nunca he diseñado un guion de ventas. Procuro más bien una postura de generosidad durante las negociaciones. Esto te hace escuchar en lugar de hablar, por lo que entiendes mejor la necesidad del cliente. Te ayuda a pensar en cómo beneficiar al cliente en lugar de cumplir tu meta del mes; por lo que el cliente confiará en ti y tus probabilidades de vender subirán, ganando un cliente para siempre. Estudia técnicas de venta, pero aplícalas bajo la perspectiva de la generosidad.

Hoy tendrás muchas negociaciones de venta con clientes, pero también de ideas con tu familia, amigos y compañeros. Si utilizas estas sencillas, pero poderosas recomendaciones, te ayudarán a ser un mejor líder y persona.

Por cierto, el proyecto de Luis y Rodrigo nunca se retomó. No los culpo. Culparme me ayudó a mejorar, así que les mando mi agradecimiento.

Memo Ochoa y las ventas

"Minuto 57, se prepara para tirar el penalti Robert Lewandoski; probablemente el mejor delantero de la actualidad, quien dejó al Bayern para incorporarse al Barcelona. Memo Ochoa quiere ser el héroe otra vez para su selección y su país, evitando la derrota en este partido tan importante. Lewandoski se perfila, dispara y..." todos (o casi todos) sabemos el resultado de ese penalti. San Memo Ochoa se vistió de héroe, deteniendo de manera brillante el tiro ante el alarido de los fanáticos mexicanos presentes en el Estadio 974.

En la declaración de Memo después de la detención mencionaba: "Son cosas de momentos, son cosas del instante, son cosas que se trabajaron durante estos días y funcionó". Para que Memo pudiera detener ese penalti pasó semanas estudiando la manera en que Lewandoski tiraba los penales, planteando su estrategia con base en esto. No fue casualidad su finta a la derecha y recostarse al lado contrario para la atajada, se preparó mucho para ese instante. Ni qué decir de las miles de horas de entrenamiento acumulado por años que lo han hecho acudir a cinco copas mundiales.

Así como un futbolista profesional se prepara para los grandes momentos, tú que quieres ser líder comercial exitoso, ¿cómo te preparas para ser un mejor vendedor o líder de un equipo comercial? Sin duda, la mejor manera de prepararse es adquiriendo conocimiento.

Hace unas semanas ayudé entrevistando a seis finalistas para cubrir el puesto de director comercial para una empresa industrial. Cuando les pregunté cuál era el último libro leído y cuando fue, estas fueron sus respuestas:

1. No leo.
2. *El Secreto,* 2003.
3. *El Alquimista,* 2016.
4. *La Herencia (política),* 2020.
5. *La Meta,* 2022.
6. *Historia de Napoleón,* no lo acabé.

Debo de ser sincero y, dado mi alta valoración por el aprendizaje, reconocer que estas respuestas me generaron una profunda tristeza. ¿Estos son los líderes que llevarán a sus empresas a ser los líderes de su industria?

Para no dejar el ejemplo del futbol, es como querer ganar la Liga MX (ya no digamos el mundial) sin entrenar, sólo presentándose a los partidos. El resultado de ese equipo sin jugadas prefabricadas, sin comunicación entre líneas, sin definición de roles sería algo parecido a descender a una categoría inferior.

Un líder comercial que no desarrolla su conocimiento:
- No comprenderá las tendencias de la industria donde participa.
- No desarrollará al máximo sus habilidades de liderazgo.
- No encontrará mejor manera de organizar a su equipo o desarrollar un plan de ventas.
- No desarrollará su capacidad de negociación y ventas.

- No anticipará posibles cambios en la tecnología que afectará su empresa.
- Entre muchas otras cosas.

Para cualquiera de los conocimientos mencionados anteriormente existen libros que sin duda podrán ofrecer al líder comercial una nueva perspectiva.

Los candidatos a directores comerciales entrevistados, todos ellos con un largo recorrido, parecen comprobar algo que he observado a través de los años: entre más experiencia acumula un ejecutivo, menos considera necesario aprender cosas nuevas.

Los que piensen de esta manera están completamente equivocados. El aprendizaje en las personas es equivalente a la innovación en los productos de las empresas, cuando se detiene el proceso de mejora, se empiezan a volver irrelevantes. Recordemos que la innovación es producto del conocimiento, no de la intensidad. El aprendizaje es el que nos ofrece nuevas perspectivas a los problemas.

Memo Ochoa no estaba predestinado a parar ese penalti, estudió para lograrlo.

Memo Ochoa no estaba predestinado a acudir a cinco mundiales, pagó el precio.

Y tú, ¿estás realmente comprometido a ser un verdadero líder comercial?

Retención de personal, clave para el 2023

Acabo de recibir una llamada que me ha dejado en shock. El director comercial de una empresa mediana comercializadora de madera ha renunciado y, junto con él, la vendedora estrella de la organización. Esto sucede justo en el proceso de realización del plan de ventas 2023, para lo cual los vamos a asesorar. ¿Cómo poder proyectar ingresos si se va el líder comercial y la ejecutiva que concentra en su cartera de clientes el 50% de los ingresos?

En la proyección que íbamos a revisar con el director general, estaba considerado un crecimiento de 22%. Parecía ambicioso, pero a la vez lograble, ya que la mayor parte del crecimiento se conseguía desarrollando las cuentas activas. Sin embargo, ahora con la salida de estas personas claves, ese objetivo parece demasiado optimista. Tal vez tengan que cambiar el enfoque de maximizar el crecimiento hacia minimizar pérdidas.

La alta rotación de personal en las áreas comerciales es muy común, estoy seguro de que te ha pasado en algún momento. Inclusive si no estás en áreas comerciales, es muy probable que alguna persona muy importante en tu empresa, cuando menos lo hayas esperado, decidió abandonar el proyecto. Este artículo intenta ayudarte a prevenir esta situación identificando los principales motivos que pueden generar esta deserción con el fin de que evalúes tu situación en cada uno de ellos.

Primero que nada, hay dos tipos de factores: los que puedes controlar y los que no. También hay dos tipos de personas; las que quieres mantener y las que no. En este artículo no hablaré de factores que no puedes controlar, como el cambio de lugar de residencia de la persona que se va ni de las personas que son despedidas por bajo desempeño.

El talento que decide irse puede ser por tres grupos de problemas:
1. **Operativos.** Una excesiva carga de tareas, falta de metas claras a conseguir, un rol asignado fuera de las capacidades o intereses, falta de autonomía para realizar su trabajo o falta de apoyos materiales y/o de conocimiento para hacer bien su trabajo, son las principales causas.
2. **Personales.** Falta de reconocimiento a sus logros, falta de retribución económica de acuerdo a su aportación, falta de respeto a sus opiniones y de confianza para ofrecerlas, así como la carencia de una proyección dentro de la organización, son las causas más comunes de este grupo.
3. **Estratégicas.** Finalmente, el principal motivador de las personas y equipos es el éxito. Si la empresa no cuenta con una estrategia de mercado, producto o comercialización sólida no tendrá éxito y, por lo tanto, no podrá haber ni retribuciones justas ni planes de desarrollo a futuro para el equipo.

La gestión profesional será la que marque la pauta para alinear los puntos operativos, de la misma manera que una buena cultura organizacional marcará la pauta de las personales. La estrategia es la que le dará a ambas la viabilidad en el largo plazo.

Un buen consejo para conseguir tus metas en este año, es conversar con las personas claves de tu empresa para saber qué requieren para operar mejor, conocer cómo se sienten y saber a dónde quieren llegar. Hazlo hoy, que cuando lleguen con un aviso de inconformidad, tal vez ya sea demasiado tarde.

La empresa comercializadora de madera lleva cinco años sin crecimiento, mientras no tenga la capacidad de retener a su personal clave, lo más probable es que así continúe. Las habilidades empresariales necesarias para retener al personal clave son similares a las que se requieren para el éxito de las empresas.

4

VENDEDOR, GERENTE Y DIRECTOR

Vendedor, gerente y director

C omo estrategas comerciales, Mauricio, Hugo y yo nos negamos durante mucho tiempo a dar capacitaciones en ventas para vendedores. "Cualquier wei lo hace", acostumbraba responder cuando era cuestionado sobre por qué no la ofrecíamos. Me negaba a incorporarnos en un océano rojo con tanta competencia en el mercado. Si íbamos a hacerlo, tenía que ser claramente con una oferta diferenciada.

Sin embargo, seguíamos viendo la necesidad de una formación profesional en los vendedores. Afortunadamente, llegaría la oportunidad de iniciarnos en el negocio de las capacitaciones cuando empezamos el proyecto de estrategia comercial para la UDEM. Con estos, a través de Agustín Landa (ahora buen amigo y ejemplo a seguir por su filantropía), formamos una alianza para ofrecer el primer curso en ventas consultivas avalado por la SEP. Con este proyecto, que encabezó Mauricio, nos adentramos firmemente en el conocimiento que debe tener un vendedor para que la estrategia comercial pueda funcionar.

Después hicimos seminarios en estrategia comercial para líderes, fue un éxito, ya que incluimos, generosamente, todo el conocimiento desarrollado en Salexperts para diseñar estrategias comerciales y sus correspondientes modelos para formularla.

Tanto el curso de ventas consultivas como el de estrategia comercial sirvieron de punta de lanza en el contenido para el lanzamiento de Salespace, una plataforma de e-learning de capacitación continua para fuerzas de venta. En este producto, incorporamos información sobre productos y procesos de los clientes para complementar la formación necesaria para que los vendedores sean exitosos. Con esta oferta consideramos tener la mejor plataforma del país para capacitar eficientemente a las fuerzas de venta.

Darnos cuenta de que no hay estrategia que funcione sin una adecuada capacitación de la fuerza de venta, nos comprometió a dar este paso que hoy es una pieza fundamental de la visión de la empresa en el largo plazo.

En el caso de un líder comercial, la falta de conocimiento puede llevarlo al fracaso en cada organización donde participe o al éxito. Desde cuestiones estratégicas de cómo estructurar su fuerza de venta, bajo cuáles criterios especializarla, definir su tamaño ideal para crecer, eficiente asignación de carteras, etcétera, hasta cuestiones de liderazgo de equipos como reconocer el éxito de sus ejecutivos, cómo evaluar sus resultados y cómo coachearlos, entre otras. El mal manejo de uno solo de los elementos anteriores podría ser suficiente para el fracaso de un proyecto.

Profundizar en este conocimiento comercial y estructurarlo para así ofrecerlo a nuestros clientes, nos permitió el desarrollo de los miembros del equipo de consultores y del equipo comercial de la empresa, lo cual ha sido de gran valor para que nuestros clientes crezcan y, junto con ellos, nosotros.

7 mentalidades

Esta semana estuve en una empresa internacional de traducciones para la junta de resultados con el equipo comercial. Al finalizar, se me acercó Valentina, la recepcionista. Ella había llegado recientemente de Europa del este y estaba sobrecalificada para el puesto, ya que tenía dos carreras.

—¿Cómo puedo saber si tengo oportunidad de llegar a ser una vendedora exitosa? —me preguntó—. Quiero superarme y ganar comisiones, pero nunca he vendido, no sé si tenga lo que se requiera

—¿Qué te hace pensar que no lo tienes? ¿Conocimiento o actitud? —cuestioné.

—No lo había reflexionado de esa manera, pero supongo que es la actitud. Por el lado de conocimiento, una de mis carreras es ingeniería eléctrica, así que aprender de traducciones resulta fácil y de técnicas de venta de la misma manera puedo aprenderlo.

—La actitud tiene que ver con lo que haces, y lo que haces con tu mentalidad. Por mucho tiempo he utilizado 7 tipos de mentalidad con los que debe contar un vendedor exitoso. ¿Los quieres escuchar para que te autoevalúes? —cuestioné.

A continuación, le compartí los 7 tipos de mentalidad. Es una lista en donde se debe cumplir con todas si es que quiere ser exitosa. Le pedí a ella, y te pido a ti, lector, calificar de uno a cinco cada uno de los siguientes criterios, donde cinco es que cumple excelentemente y uno muy pobremente:

1. **Optimista y propositivo**. ¿A qué persona le gusta rodearse de gente negativa? Ser optimista y propositivo te abrirá mu-

chas puertas y te ayudará a desarrollar relaciones confiables con tus clientes. Valentina calificó como 3,5, "conozco personas más positivas", complementó.

2. **Confianza en sí mismo.** Es indispensable para intentar la venta grande, para hablar con importantes tomadores de decisión y para transmitir confianza en tu producto. Valentina se puso uno, declarando que se iba a poner a trabajar en eso desde ya. "No había pensado en lo fundamental que era la confianza en mí misma", mencionó.

3. **Implacable.** En ventas tienes que pagar el precio del éxito. Si necesitas dar el extra para llegar a la meta, ¡lo haces! Ya te rechazó un cliente crucial, ¡lo vuelves a intentar! Valentina se puso un cuatro, ya que no se rinde fácilmente. "Finalmente, está empezando una nueva vida en un país lejano, eso implica sin duda ser implacable", reflexioné.

4. **Sediento de conocimiento.** Cuando dejamos de aprender, empezamos a morir. Los productos cambian, los mercados evolucionan, los vendedores que no lo hacen se quedan obsoletos. Valentina se puso un cinco sin dudarlo un segundo.

5. **Sistemático y eficiente.** Las ventas no se tratan de creatividad sino de procesos. Hoy en día, para competir, un buen proceso o sistema marca la diferencia entre el éxito y el fracaso. Valentina es sumamente organizada. Desde recepción, ya ayudaba a otras áreas a organizarse, arreglar los reportes de venta, registrando movimientos en el CRM. Se calificó con cinco.

6. **Flexible.** Un vendedor tiene que ser hábil en entender las necesidades de los clientes. Basados en esta información, ser lo

suficientemente flexible para configurar una solución con sus productos. Valentina se dio un tres, pensando en que tenía que desarrollar un poco más su sensibilidad a las necesidades de las personas.

7. **Generosidad.** Un vendedor exitoso, escucha para entender la mejor manera de ayudar a su cliente. Eso le dará relaciones fructíferas por mucho tiempo. Valentina se puso un tres, ya que nunca había profundizado en esto y seguramente encontraría aspectos a mejorar.

Desde el día siguiente, Valentina empezó a trabajar sobre estos puntos. Seguro estoy que pronto será una vendedora exitosa.

La actitud tiene que ver con lo que haces, y lo que haces con tu mentalidad.

El vendedor de la Nueva Era

Ayer leía en las noticias sobre las empresas reconocidas que están entrando a bancarrota. La lista es grande y crece rápidamente con algunas marcas reconocidas como: Hertz, Gold' gym, J.C. Penney, Avianca, Neiman Marcus, LATAM Airlines y Aeromexico en USA.

Así como la lista de empresas es grande, los sectores a la que corresponde no lo es tanto (por lo pronto). Estas empresas son de algunos segmentos de mercado muy definidos, como retail y viajes, dos de los más golpeados en esta crisis. Todos los anteriores han sido embestidos por el gran verdugo de empresas en esta nueva era pospandémica: la sana distancia. Un solo factor que afecta a algunos sectores y que, a la vez, afectan a miles de empresas.

No cabe duda que el mercado se mueve muy rápido afectando industrias enteras que nadie esperaba.

En cuanto a producto, las empresas están redefiniendo sus productos, ajustándolos a toda velocidad bajo criterios de sana distancia y llevándolos rápidamente al rumbo urgente de la transformación digital. La innovación en productos se encuentra en una lucha contra el tiempo ante la vorágine de cambios.

El mercado y el producto están transformándose a toda prisa, ¿y tú?

Si piensas que en esta Nueva Era puedes competir con los conocimientos que tenías anteriormente, estás equivocado. Si consideras que pronto recuperaremos nuestros hábitos anteriores y podrás seguir realizando tus mismos procesos comerciales de antes, también estás equivocado.

Entonces, ¿cuáles son las características a incorporar que separarán a los vendedores exitosos de los mediocres?

Te ofrezco esta perspectiva de tres aspectos a mejorar que te pueden ayudar para que determines en dónde enfocar tu esfuerzo y así convertirte en un gran vendedor de esta Era.

1. **Tecnología**. ¿Cuántas veces te quejaste del CRM o del ERP antes de esta crisis? Si el uso de la tecnología pudo antes haber sido deseable, ahora es imprescindible. Si no te adaptas rápidamente a la tecnología, serás sustituido pronto. El CRM no es nada comparado con el reto de aprendizaje que tienes ante ti, tus clientes van hacia allá, tu empresa va para allá, no los dejes ir sin ti. Dedica tiempo a aprender de las tecnologías emergentes como: IoT, IA, e-commerce, Big Data, 5G, Blockchain, etcétera, y a analizar cuáles pueden aportar en la evolución o transformación de tu negocio (tal vez no sabes qué significan, pero la idea es que investigues). Considera que no son temas del futuro, estos son el presente.

2. **Creatividad**. "No es de dónde tomas las cosas, es adónde las llevas", Jean-Luc Godard. Esta frase refleja el reto al que te en-

frentas: los mercados y productos están cambiando tan rápido, que no es suficiente con entender las necesidades actuales de los clientes, sino que tienes que anticipar las futuras. No solo tienes que conocer perfectamente tus productos y el beneficio que genera a los clientes, tienes que diseñar productos o soluciones nuevas porque el mercado y sus necesidades ya cambiaron.

3. **Intensidad**. Cuando enfocamos nuestras empresas, tenemos que basarnos en el beneficio que generamos en el mercado, no en cómo lo hacemos. La intensidad funciona de una forma similar: lo importante es generar contactos de valor con nuestros clientes, no el medio por el cual se realiza. De pronto las videoconferencias se convirtieron en imprescindibles, es el sustituto —casi perfecto— a una junta cara a cara. Así como antes un WhatsApp equivalía a una llamada. Pero lo más importante que debes tener en cuenta es que sin intensidad no hay venta, no hay magia. La intensidad se mide por *oportunidades de compra*, sin esas interacciones no hay resultado.

¿Estás muy viejo para aprender? No te cuentes esas mentiras mediocres que afectan tu vida. Nunca es tarde para aprender. El año pasado me dijo el doctor que debido a mis problemas de espalda ya no podía jugar ráquetbol ni tenis, pues aprendí natación y con eso a utilizar todos mis músculos. Ahora que nos cerraron los clubs, me puse a caminar y a aprender senderismo conviviendo con la naturaleza. Cada nuevo impedimento me llevó a un ejercicio más enriquecedor que el anterior. Tengo cincuenta y cuatro años, sé que no es un gran ejemplo, pero quise ofrecerte uno muy cercano y personal.

"El día que piensas saber lo suficiente, es el mismo día que empieza a decaer el valor que agregas a los demás"

-ACA

Echarle ganas no es suficiente

Mientras hacía ejercicio hoy temprano en mi cuarto de hotel (al fin realizo mi primer viaje de negocios desde el inicio de la cuarentena), veía en YouTube videos de mis temas favoritos. Dentro de éstos se incluyen algunos temas de negocios, historia, espirituales y superación personal. Debido a este último, se puso un video con un motivador diciendo frases como "un poco más de persistencia y esfuerzo convertirá lo que parece un fracaso en un éxito" o "no te rindas porque nunca sabes si el próximo intento será el que funcionará". El video duraba 8:11 min y sólo lo aguanté hasta el 2:26. La vida me ha enseñado que, muchas veces, echarle más ganas te hace retroceder en lugar de avanzar. Echarle ganas es un gran mensaje, pero solo no funciona.

Mientras apagaba el video, recordé una entrevista del martes pasado con Toño, un vendedor cuya entrevista es parte de un proceso para realizar un diagnóstico para una empresa que tuvo un 2019 difícil y le esperaba un 2020 más duro. Toño es un joven de veintinueve años, a quien le dieron la oportunidad de pasar a ventas un año antes. Él había estado en el área de producción como supervisor y ahí realmente estaba haciendo un excelente trabajo. ¿Qué lo distinguía de los demás? Su energía, trabajaba intensamente y no se le iba una; además de la confianza muy merecida que le tenían. Debido a eso, recibió una oportunidad en ventas y, con esta, la posibilidad de ganar más dinero con sus resultados. Todo debería salir bien para Toño y la empresa; sin embargo, el éxito no llegó.

—Toño, ¿por qué consideras que no estás siendo exitoso como vendedor?

—No lo sé, por mí no ha quedado; estoy trabajando con toda la energía de la que soy capaz, me piden contactar diez prospectos a la semana y hago doce o trece, más que los demás, sin embargo, no logro vender.

—¿Me podrías compartir tu proceso de capacitación al incorporarte al área de ventas?

—Claro, fue una semana entera: un día para el sistema comercial, otro para beneficios de los productos y tres para acompañar a otro vendedor senior.

El caso de Toño es muy común, "echarle ganas" (uso normalmente el término INTENSIDAD) es importante, pero está muy lejos de ser lo único.

Las ideas de motivadores en ventas con frases como "para tener éxito en ventas, simplemente debes hablar con muchas personas cada día. Y lo emocionante es que ¡hay muchísima gente con quien hablar!", son muy peligrosas para los colegas vendedores.

¿Qué la falta a Toño para ser un vendedor exitoso?
- **Conocimiento.** Una semana de capacitación es demasiado poco para que Toño pueda atender una negociación exitosa con un cliente. Hay una enorme cantidad de temas en los que

tiene algo muy parecido a cero conocimiento, como preparar la visita a un cliente, escuchar las necesidades, formular preguntas adecuadas para detectar dolores, tendencias de la industria y comportamiento del mercado, etcétera. Un vendedor motivado y no capacitado está repartiendo ignorancia en cada encuentro. Suena feo, pero así es.

- **Ambición**. La ambición es hacia dónde diriges tu energía, tus acciones. Esto, aplicado en ventas, significa hacia dónde diriges tu intensidad comercial (echarle ganas) y tu conocimiento. Ir a una cita con un prospecto con potencial de un millón cuenta diez mil veces más que una de cien pesos. Al acudir a una cita, estás aplicando tu INTENSIDAD y esta es acompañada por tu CONOCIMIENTO. Toda esa energía con conocimiento tienes que dirigirla, con ambición, hacia donde están las mayores oportunidades.

Entonces, te puedo decir que si no le echas ganas, no tienes nada. Pero si realmente le echas muchas ganas, pero esta intensidad no lo acompañas con Conocimiento y Ambición, realmente tienes muy poco.

Si le estás echando realmente ganas y no estás teniendo resultados, considera que: "no por mucho madrugar se amanece más temprano." Usa parte de tu energía para aprender y nunca dejes de hacerlo; es una tarea que nunca acaba, y úsala también para encontrar las mejores oportunidades en el mercado. Busca prospectos más grandes y, sobre todo, que valoren más los beneficios de tus productos. Te deseo mucho éxito en tu reto.

GENEROSIDAD, clave para el éxito

Cuando conocí a Pipe, él era un jugador novato y muy entusiasta de ráquetbol y batallaba para encontrar con quién jugar. En el club donde jugábamos hace casi diez años, y así ha sido en todos los lugares donde me ha tocado jugar, a los más experimentados no les gusta jugar con personas novatas. Sienten que pierden el tiempo y que no tienen nada que ganar en un partido con alguien que no está a su nivel.

Pipe me invitó a jugar y accedí; de hecho, nunca he dejado con las ganas de jugar a nadie, aunque sea novato. La verdad es que sí me daba algo de flojera, ya que yo era un jugador con algo más de experiencia. Al aceptar jugar con él, mejoraría muy poco mi juego, pero sería de ayuda para Pipe y eso me haría sentir bien.

Para sí tener la oportunidad de mejorar en algún aspecto, empecé a jugar con la mano izquierda, con esto estaría más parejo, aprendería algo nuevo y correría más. Todos felices. Jugamos por meses y, a pesar del raquetazo que le di en la nariz con su consecuente reguero de sangre, nos hicimos amigos.

Y todo esto de Pipe, ¿qué tiene que ver? Jugar con él fue un acto de **generosidad** que trajo grandes beneficios. Para empezar, gané un buen amigo que es un gran experto en mercadotecnia, y sus **generosos** consejos (no me cobró) han sido muy valiosos en diferentes etapas. Además, Pipe era asesor de la UDEM y en pocos meses me invitó, **generosamente**, a que Salexperts hiciera una propuesta para diseñar la estrategia comercial. El proyecto fue vendido, era de un tamaño importante y ha sido referencia para mostrar al mercado nuestro trabajo. No sólo eso, sino además trajo una fructífera relación con la UDEM donde ofrecimos, por años, seminarios en ventas en conjunto.

Durante el proyecto con la UDEM, conocí a Agustín. Él era vicerrector y líder del proyecto. Él se ha convertido en un amigo y socio para toda la vida; ha sido mi ejemplo en filantropía, gracias a la cual, ahora participo en fundaciones como Comunidar (ganador del premio Eugenio Garza Sada 2020), y con un grupo de amigos hemos lanzado el proyecto "Ser Filántropo", donde apoyamos económicamente a fundaciones que atienden " educación y salud" para niños. Estas actividades me han llevado a conocer gente muy valiosa e interesante, ésta, generosamente, ha confiado en Salexperts para diseñar su estrategia para hacer crecer sus empresas.

Un pequeñito acto de generosidad, que trajo una serie de beneficios a varias personas, incluyéndome, ya que me ayudó a ser mejor persona. Así funciona la vida, los negocios y, desde luego, las ventas. LAS VENTAS SON AYUDAR A TUS CLIENTES A RESOLVER SUS PROBLEMAS. Una preocupación real por entenderlos y solucionar sus problemas, vende. La generosidad vende.

Precisamente hoy estaba en junta con el equipo comercial de una empresa que vende maquinaria a grandes empresas automotrices del país. La forma de vender es buscando al área operativa (gerencia de mantenimiento o de calidad) para generar una cita a la que iría un vendedor senior. Al pedir que me dijeran sobre lo primero que dirían para obtener la cita, teniendo a la persona correcta al teléfono, me dieron ejemplos, como : "le diría el nombre de la empresa, de dónde somos y cuántos años llevamos en el mercado", "le explicaría las principales características de nuestros productos", etcétera. Eso no funciona, a los clientes no les interesa ni una palabra de lo que dicen. Pedí perdón por ponerme filosófico, pues les eché todo el rollo de por qué las ventas son ayudar. Finalmente, les pregunté: "si quieres ayudar a alguien, ¿qué es lo primero que preguntas?" Uno de ellos dio en el clavo rápidamente: "pues primero preguntaría cuál es su problema." Claro, ¿cómo puedes solucionar un problema si no sabes cuál es? La venta es escuchar, no hablar.

Algunos ejemplos, donde si te enfocas en la generosidad puedes tener más éxito:

- Cuando negocies, busca el beneficio de las dos partes, no sólo el tuyo. Para que eso suceda, tienes que profundizar en lo que desea la otra parte.
- Antes de lanzar un producto nuevo, estudia el mercado. Esa es la forma de conocer realmente cómo ayudarles a resolver el problema de la mejor forma.
- Si quieres ser un buen líder, el enfoque debe estar en el beneficio de tu equipo: dar apoyo, conocimiento, motivación o la inspiración que requieran, los hará más productivos.
- Define tu misión y la de tu empresa en función del valor que le darás a los demás. Eso incrementará tus probabilidades de éxito.

En el excelente libro *Dar y Recibir*, Adam H. Grant nos comparte un estudio sobre un grupo, cuyo perfil de los miembros se clasificó como generosos e interesados.

A todos los miembros les midieron también su desempeño. ¿Qué encontraron? El grupo con peor desempeño fue el generoso. Debido a que ayudar a los demás los desenfoca de su tarea, pues la gente recurre mucho a ellos.

El grupo de en medio es interesado.

El grupo élite, con desempeño sobresaliente, es también generoso. Ayudan mucho a los demás, pero desde una óptica de enseñar a pescar, no de dar pescados.

Ser generoso te ayudará a ser más exitoso, a tener más amigos, a ser más feliz.

Paga el precio del éxito

Hoy fue un día de lágrimas. Por la mañana hubo una junta de revisión de resultados del plan de ventas. César derramó algunas lágrimas cuando le hice ver que su labor diaria como vendedor lo iba a conducir al fracaso, y que un fracaso aquí implicaba una alta probabilidad de otro fracaso en su siguiente reto. Su meta de la semana era muy sencilla: generar cuatro citas, virtuales o presenciales, con los que toman la decisión. César consiguió sólo una. Van cinco semanas iguales a ésta, las cotizaciones no llegan y, por lo tanto, las ventas tampoco. "Pensé que íbamos bien", fue su comentario.

Por la tarde, despedimos a dos vendedores de CDMX por sus malos resultados en los últimos meses. En realidad, parecía más una beca, ya que sus ventas eran casi nulas, la relación no iba a ningún lado. Alejandra, una de ellas, lloró; María, su jefa y nuestra responsable de operaciones, me escribió diciendo que se sentía muy mal y casi lloraba con ella.

La gran mayoría de los jóvenes, como ellos, aspiran a ser exitosos. Pero conforme va transcurriendo la vida y los problemas llegan, encuentran una justificación a cada fracaso. La mediocridad acaba siendo aceptable, debido a la gran cantidad de problemas "que les sucedieron", todos fuera de su alcance. Yo hice todo lo posible "pero, X cosa fuera de mi alcance" me impidió llegar a la meta.

Multiplica eso por varias cosas, de cada día, de todos los días del año, por muchos años.

No puedes platicar la historia de tu vida a base de justificaciones y excusas. No importa si eres vendedor, director, secretaria, obrero o presidente; si justificas tus pequeños fracasos diarios, te acostumbrarás a ellos y tu vida puede acabar siendo un gran fracaso.

¿Cómo realizar visitas a clientes si nadie te recibe por la pandemia? ¿Cómo lograr contactar clientes si están los ejecutivos en *home office*? ¿Cómo puedo vender si estamos en la peor crisis de los últimos tiempos? ¿Cómo vender si la competencia está bajando los precios?

Si tú has aceptado esas preguntas o las has aceptado de tu equipo, no vas en la ruta del éxito. La mitad de esas excusas son inexactitudes, y la otra mitad son datos reales sobre los cuales debes ajustar tu estrategia.

César, esas lágrimas que sean de emoción. Que sean porque te has dado cuenta de lo que tienes que hacer para ser exitoso aquí y ahora. Que sean porque te cayó el veinte, que todo lo que necesitas para triunfar ya lo tienes. Hay que modificar tus paradigmas de lo que significa "echarle ganas", si con diez llamadas consigues una cita, entonces haz cuarenta llamadas para tener cuarenta. Lo que has hecho hasta ahorita no te alcanza para que la estrategia de ventas tenga éxito. Tienes el conocimiento suficiente para esta etapa y el plan estratégico correcto, sólo te falta más intensidad (generación de oportunidades de compra).

Alejandra, esperemos encuentres dentro de ti todo lo que pudo haber salido mejor en esta experiencia. Sé que es fácil culpar a la empresa, pero desgraciadamente eso no te ayudará a mejorar.

María, no te sientas mal por despedir a alguien con justificación. Les estás dando la oportunidad de encontrar su lugar en el mundo. Sólo despidiéndolos podrán recapacitar y aprender. Más vale ahora que dentro de un año, nadie tiene un año de vida para desperdiciar.

Paga el precio. En ventas medimos la labor comercial como visitas o llamadas porque sabemos que eso te lleva a la venta. Si no cumples con ellas, sabemos que la venta no llegará. En tu vida funciona igual, mide la labor que requieres para conseguir tu meta. Ejemplo : Si tu meta es bajar de peso, tienes que hacer dos grandes tareas medibles:

- Comer menos y mejor (mil quinientas calorías diarias, carbohidratos 25 %).
- Quemar más calorías (camina 5 km diarios).

Si no consigues estas dos metas hoy, mañana no pesarás menos.

Sin entregables hoy, no hay resultados mañana.

Comprométete con tu Intensidad, conocimiento y ambición.

ES TU DECISIÓN, TÓMALA HOY.

Miedo al rechazo

Durante un merecido desayuno, después de un partido de tenis, Mario, quien había hecho una exitosa carrera en el área de mercadotecnia de una empresa de telecomunicaciones, nos compartió la noticia de que había sido invitado a jubilarse. Él, como muchas otras personas en el momento de comunicar este tipo de información, tenía la mirada melancólica. Supongo que la respuesta más común que escuchamos al confiar una novedad como ésta es: "Lo siento mucho, échale ganas. Todo va a salir bien". Al contrario de esta gran mayoría, a mí me gusta responder: "¡Felicidades! Entre más joven para empezar un nuevo proyecto, MEJOR". Sinceramente, me parece emocionante tener la oportunidad de rediseñar tu vida profesional desde cero. Otras personas pensarán que atravesar por esta misma situación representa un grave problema. El hecho no cambia, su interpretación es libre en cada persona. Yo decido ver oportunidades la mayor parte del tiempo; espero que Mario también lo haga.

Luis, otro compañero de la mesa, le comentó lo importante que es saber <u>vender</u> y le preguntó qué tanto sabía al respecto, ya que este aprendizaje no se da mucho en el área ejecutiva de los corporativos. Dicho esto, todos estuvimos de acuerdo en que *saber vender* le serviría en cualquier caso que involucre una actividad empresarial independiente. Xavier, el cuarto en la mesa, agregó, como un ejemplo, que si quisiera dedicarse a la consultoría, todos sus amigos seguramente le darían la primera cita, pero al tratar de concertar una segunda, escucharía: "El licenciado está en junta, se reporta después con usted", llamada que nunca sucederá. Mario comentó que le parecía difícil acostumbrarse a sentirse rechazado, sobre todo por sus amigos, al intentar ofrecer sus servicios.

Entre los dos le aseguraban a Mario que el punto más importante a trabajar en este momento es **superar el miedo al rechazo**. Sin estar convencido de que eso fuera el obstáculo más grande en esta nueva etapa para él, pero sin dudar de su importancia, le ofrecí rápidamente mi punto de vista sobre el elemento base para superar el miedo al rechazo: "El rechazado es el producto, no tú; nunca lo personalices."

Veamos la lógica de esto. Si hemos dicho que vender es un acto de generosidad, dado que como vendedor estás intentando solucionar un problema a un cliente, entonces lo que estamos ofreciendo es una oportunidad. El cliente debe decidir si la toma o no, ya que a fin de cuentas él será el beneficiado o el perjudicado. No tiene nada que ver contigo el rechazo a una posible solución.

Cuando el miedo al rechazo gana el control de tus acciones, generará, tarde o temprano, que dejes de intentar y caerás en zona de confort, la zona de la mediocridad. Los rechazos se incrementarán si actúas sin convicción, con miedo, y a la larga eso traerá frustración.

Cualquiera tiene la prerrogativa de rechazar tu producto, pero nadie tiene la autoridad de hacernos sentir rechazados.

Tu lucha interna entre el miedo y la superación, me recuerda esta leyenda de los indios Navajos: "Mi interior es un campo de batalla. Por una parte, está el águila majestuosa, todas sus acciones están llenas de verdad, de bondad y de belleza. El águila que vive en mí vuela por encima de las nubes. Pero dentro de mí también vive un terrible lobo, él representa mis bajezas, se sustenta sobre mis propias caídas y justifica su presencia cuando dice que él también es parte de mí. El águila y el lobo luchan por extender su dominio en mis entrañas. ¿Quién ganará esta batalla? Aquél a quien yo alimente cada día".

Mario es un ganador y lo demuestra en la cancha cada sábado, seguro continuará siéndolo en lo que decida emprender.

Entre más miedo superes, en esa proporción será tu grandeza; entre más rechazos tengas, con mayor rapidez llegarás a ella.

El grito de NO Independencia

Durante la revisión de avances en el proyecto de implementación de la nueva estrategia con Ignacio, el gerente comercial de una empresa de energía, sostuvimos la siguiente conversación:

—¿Por qué en cuatro meses no hemos podido contratar a los vendedores para nuevos mercados? —pregunté.

—Recursos Humanos no me pasa los candidatos correctos —respondió.

—Pero ellos mencionan que de los candidatos que te mandan, rechazas el 70 % en la entrevista, siendo que cumplen con el perfil.

—¿Eso dicen? Pues yo tengo otros datos.

De ahí, nos pasamos a otro tema importante.

—Nos ha dejado el cliente más importante de Centroamérica, ¿qué pudimos haber hecho para evitarlo? —cuestioné.

—Nada, se han quejado de algunas fallas en el producto durante meses y ese es problema de Producción.

—Pero durante el diagnóstico entrevisté personalmente al cliente y mencionaron que no había un seguimiento proactivo cercano de tu área comercial, ni mayor cercanía y comunicación, eso podría haber cambiado su decisión de dejarnos?

—Considero que siempre hemos dado el seguimiento adecuado a ese cliente —añadió Ignacio—.

—Además, nos dejaron justo antes del lanzamiento de los nuevos modelos de producto que corregían las fallas que los molestaban —agregué—. ¿Estaban enterados?

Tomándose tiempo para meditar su respuesta, finalmente contestó:

—Tendría que revisarlo...

Esta conversación tuvo lugar justo el 15 de septiembre del 2021. Celebramos la Independencia con una conversación donde los resultados de Ignacio dependen de todo, menos de él. Un líder comercial puede apoyarse en diferentes virtudes y habilidades, pero que se haga responsable de los resultados es una de las más importantes. Ignacio vivía su "día de la NO Independencia".

La conversación con Ignacio continuó, pero se tuvo que convertir en terapia, ya que no estábamos llegando a ningún lado. Le explicaba que las ventas no iban bien por la salida de ese cliente, requeríamos mayor velocidad de implementación y que, sin esos nuevos vendedores, no iba a llegar a su meta anual. ¿A quién hará responsable la Dirección General de no llegar a la meta? Obviamente a él. No al de Recursos Humanos, ni al de Producción.

Con la certidumbre de que mediante esa actitud de encontrar culpables a su alrededor, fracasaría en esta empresa, en la que sigue, y en la siguiente a esa, le mencioné: "Si algo impide tu meta, se convierte en tu problema". Si no reprogramas tu mapa mental, tendrás que dejar el área comercial. Esta se mide con resultados.

¿Qué pudo haber hecho Ignacio para acelerar la contratación?

- Pedir a RH mayor enfoque en su plaza, solicitar reporte diario de avances, trabajar con ellos para redefinir el perfil, redefinir sus propios criterios para filtro, solicitar recomendaciones al resto de la fuerza de venta, utilizar sus propias redes sociales para reclutar, contratar una (o varias) agencia(s) de *head hunting* adicional al esfuerzo interno, etcétera.

¿Y para evitar la salida del cliente?

- Mantenerlos informados de los cambios en producto por venir, no esperar las llamadas de quejas, sino anticiparse a estos reclamos, ofrecer garantías extra contra fallas, administrar las expectativas de los clientes, etc. Y por el lado interno, pedir fechas de liberación de modificaciones para dar prioridad a los productos de este cliente, solicitar a producción, planear mejoras parciales, "outsourcear" algunas partes (¿o todo el producto?), etcétera.

Y tú, ¿cómo andas en dependencia?

- ¿Estás pasado de peso porque tu pareja compra comida chatarra?
- ¿No haces ejercicio porque en el trabajo te cansan mucho?
- ¿El fin de semana no estás contento porque tu jefe te regañó el viernes?
- ¿No has puesto tu negocio porque los gastos no te permiten ahorrar?
- ¿Se cayó el vaso o lo tiraste?

¡Viva la
independencia!

¡Viva no culpar a los
demás de nuestros
problemas!

¡Viva el compromiso
con nuestras metas!

¡Viva tú!

¿Empantanado en una "mala racha"?

El año pasado hice una visita de negocios a la ciudad de Tijuana, tuve una sesión con mis amigos del periódico Frontera. Me hospedé en el hotel Camino Real y, como soy tempranero, bajé al restaurante a primera hora para leer, escribir y tomarme mi cafecito en compañía de mi debilidad: una concha de vainilla a la plancha.

En esas estaba, cuando volteé a la mesa de al lado, donde se hallaba alguien aún más madrugador que yo, y que me pareció conocido. Después de una pequeña investigación, comprobé que se trataba de Jeffrey Gitomer, uno de los expertos en ventas más reconocido en Estados Unidos, y autor del primer libro en ventas que leí hace 20 años: *El pequeño libro rojo de las ventas*. Le dediqué uno de mis libros de *Crece o Muere* y fui a saludarlo. Él me dedicó uno de sus libros de *Sales Manifesto* y posamos para lo que sería mi segunda foto subida a Instagram.

De ese primer libro de Jeffrey que leí, se me quedó grabada una sección que habla sobre qué debe hacer un vendedor (si acaso se lo pregunta) si atraviesa una mala racha sin concretar ventas. De este tema, e inspirado en algunos elementos de ese libro, te daré una lista muy objetiva de cuatro puntos sobre "qué hacer" cuando atraviesas ese periodo en donde las ventas no llegan y empiezas a sentirte frustrado. Esta lista la elaboré de tal forma que te pueda servir en otros aspectos de tu vida, donde el sentimiento sea similar.

Lo primero que dice Jeffrey, y me parece un excelente punto de partida, es "no entres en pánico, no te presiones demasiado, no te deprimas, no te enojes y, sobre todo, no abandones". Una vez superado lo anterior, utiliza estos cuatro puntos para examinar tu situación. El primero es tomado literalmente del libro de Jeffrey; me gusta, y lo utilizo desde entonces.

1.- Pobre sistema de creencias

Tienes que superar tu convicción en tres temas: ¿No crees que tu empresa es la mejor? ¿No crees que tu empresa está comprometida con tu éxito? Debes creer firmemente en tu empresa. ¿No confías en que tu producto cumplirá con la expectativa del cliente? Olvídalo, no sigas más hasta convencerte. ¿No crees que eres capaz de vender? ¿No te crees suficientemente listo, activo, simpático, etcétera? No te conozco, pero te aseguro que esa limitante a tu éxito está solamente en tu mente (me salió un verso sin esfuerzo).

2.- Falta de compromiso con tu conocimiento

No tengas la menor duda: las oportunidades que te "brinda" la vida son detectadas gracias a lo que sabes. Si quieres encontrar mejores formas de vender, atender clientes, integrar propuestas, generar valor con los productos de tu empresa o hasta organizar tu tiempo, tienes que aprender. Lee libros, ve a cursos, o escucha podcasts. Encuentra fuentes de iluminación para encontrar mejores caminos.

3.- Falta de un proceso de trabajo

¿Tienes una cantidad de tiempo asignado para contactar clientes? ¿Y para conseguir prospectos? ¿Cómo te preparas para contactar a un prospecto? ¿Cuál es el criterio que utilizas para asignar tu tiempo a los diferentes clientes? ¿Qué sistema utilizas para administrar tu labor comercial?

4.- Realmente no le estás echando ganas

¿Eres de los que llegan diez minutos tarde o diez minutos antes? ¿Estás comprometido con tu éxito? ¿Eres de los que crees que "cumplir" el horario es equivalente a hacer lo necesario? ¿Cuánto tiempo pierdes en tareas no anticipadoras de venta (juntas, correo, socialización interna)? Si quieres una fuente de inspiración para esto, te recomiendo la película: *En busca de la felicidad* con Will Smith. Exígete tiempo productivo, no seas del montón.

Jeffrey se encontraba en Tijuana por razones médicas: Dios le conceda mucha salud para que continúe en la batalla diaria, que por mucho tiempo nos siga diciendo: " kick your own ass".

La Cultura desayuna Estrategia

El año pasado José Alejandro, el director de mercadotecnia de un grupo empresarial radicado en el norte de nuestro país, consiguió una cita en CDMX con Telcel. Esta cita era muy importante, ya que era el cliente más grande de la organización; y conseguir la cita con el alto ejecutivo que lo atendería le había tomado cuatro meses de llamadas y correos. La cita parecía que tenía buen augurio, pues era el 14 de febrero. "Seguro de ahí saldrá una buena amistad", pensaba José.

Cuando se dirigía a la esperada cita, recibió una llamada de la asistente de su jefe, el director general. En ese mismo momento sesionaba la junta del consejo trimestral y los consejeros querían escuchar sobre la estrategia de mercadotecnia digital de la empresa. Le solicitaban que ingresara virtualmente a la junta donde el tema era importante y la audiencia no podía ser de mayor peso.

José tenía que cancelar uno de los dos eventos. ¿Cuál crees que canceló? ¿Cuál cancelarías tú?

En esta historia, aplica perfectamente esta frase de Peter Drucker que me encanta: "La Cultura se come a la Estrategia en el desayuno".

Cuando las empresas buscan enfocarse en el cliente, acuden a la definición de procesos, capacitación, creación de áreas especializadas o indicadores. Todos estos procesos son importantes y se tienen que atender; sin embargo, si la cultura no se atiende primero, los esfuerzos serán en balde. ¿De qué le sirvió a José su capacitación y experiencia en servicio a clientes y a formular propuestas de alto valor? José canceló la cita con el cliente, lo que seguramente repercutió en la posterior cancelación del contrato.

Si nos apegamos a procesos e indicadores, ¿de qué tamaño sería el manual de procesos que incluya temas tan vastos como "la junta de consejo no podrá interferir en la labor de los ejecutivos al visitar clientes"? ¿Qué proceso o indicador asegura que el vendedor no ofrezca el producto que más comisión le deja, en lugar del que más beneficie al cliente?

Estos son algunos elementos de la cultura que podrían beneficiar a tu empresa y a ti:

- **Limpieza y orden.** ¿Recuerdan la imagen de japoneses limpiando la parte del estadio que ocupaban en el mundial de fútbol? No fue propaganda, es parte de su cultura y lo enseñan desde primaria. Recuerdo una conferencia de Carlos Kasuga (Yakult), empresario mexicano de origen japonés, diciendo: "La limpieza es la base de la salud, productividad, calidad, orden y ecología". Un vendedor que mantiene su escritorio sucio y desordenado, ¿será productivo?
- **Honor.** ¿Cuántas veces te ha pasado que el líder de área pide puntualidad para luego llegar siempre tarde a las juntas

que convoca? Cuando prometes enviar un correo, hacer una llamada o presentar una propuesta a tu cliente, ¿qué porcentaje de las veces no cumples cabalmente? Cuando se planteen procesos clientecéntricos, siempre habrá tentación para hacer excepciones. Honor es cumplir tu palabra. Punto.

- **Generosidad.** Este elemento cultural es esencial para una organización clientecéntrica. La generosidad debe fluir hacia el cliente y debe partir desde el más alto puesto de liderazgo a través de los diferentes clientes internos (ver apartado *Clientecéntrico*), hasta llegar al vendedor que tiene el contacto directo con el cliente y, por tanto, son quienes llevan la voz del cliente con ellos. La generosidad es la base del trabajo en equipo, donde los miembros ofrecen sus capacidades al servicio de los demás.

- **Aprendizaje.** ¿Cómo puedes diferenciar entre lo que el cliente pide y lo que realmente necesita? Escuchando y aprendiendo. Muchas organizaciones basan la promoción del conocimiento a través de cursos solamente. La cultura clientecéntrica promueve el hambre por el aprendizaje en toda la estructura para servir mejor a los clientes dentro de su función. Tu empresa tiene la responsabilidad de ofrecerte capacitación, pero la de aprender es tuya solamente.

- **Humildad.** Es lo contrario de soberbia. Sin humildad no hay vocación de servicio. ¿Imaginas una organización clientecéntrica sin ella?

Vendedor, antes de pedir cambios, cambia tú.

Empresario, el apóstol de la cultura debes ser tú; no hay de otra. La cultura se promueve con el ejemplo.

Tus propósitos 2021

Ayer al final de la jornada de trabajo, decidí premiarme jugando con el regalo que me trajo Santa Claus: FIFA 2021. Como soy intenso en eso de aprender cosas nuevas, siempre que juego escucho al mismo tiempo audiolibros o podcasts. Ayer me tocó escuchar a un motivador muy pintoresco, el cual dijo: "visualízate subiendo a tu jet personal y eso te guiará a tu éxito". Pensé: "Wow, tan fácil que ha sido todo este tiempo, y uno creyendo que hay que trabajar con intensidad, desarrollar tu conocimiento y hacer planes estratégicos" (léase con tono de sarcasmo).

Mi opinión es que si basas tus propósitos solamente en esas teorías tipo *El Secreto*, o ley de la atracción, cuya premisa es: deséalo con fuerza y sucederá; lo único que vas a atraer es el fracaso.

Tampoco digo que no sirva para nada, lo que sí te digo es que sólo desearlo NO es suficiente. Sí creo en visualizar para cumplir tus metas, pero desde un punto de partida científico, no mágico. Así como Mario Alonso Puig, exitoso médico convertido en experto en cómo desplegar el potencial humano, nos dice: "La forma en que visualizas tu futuro determina tus acciones de hoy", pero lo sustenta en términos de *Neuroplasticidad* (tu cerebro reconfigurándose) y *Neurogénesis* (nacimiento de nuevas neuronas, aunque nos hayan enseñado que no es posible). Pero lo más importante es que si lo visualizas solamente y no tomas acciones para capacitarte, para intentar conseguirlo y realizas un plan estratégico para guiarlo, por más que lo sueñes y tengas muchas neuronas nuevas, tampoco sucederá.

En las empresas, aplica exactamente igual. Si quieres vender el doble, pero no inviertes en innovación (sería algo como "Productoplasticidad") y tampoco quieres crecer el área comercial (sería algo como "Vendedorgénesis"), pues tu meta no va a llegar.

Para conseguir tus metas, te propongo tres pasos:

1. **Meta**. Encuéntrala y escríbela. Digo encuéntrala porque ya la tienes, la llevas dentro de ti, ahí es donde debes buscar, no inventes cosas raras. Recuerda que tener dinero es una consecuencia, por lo que te propongo las determines en función del valor que quieres generar. A partir de ahora propongo hablar de PROPÓSITOS, no de METAS. Los primeros son acciones y las segundas son *qué* quieres conseguir.

2. **Propósitos**. Haz una lista de entre uno y tres propósitos que, si los cumples, te llevarán a conseguir tu meta (punto anterior). Los propósitos tienen la característica de depender 100% de ti. Si eres un vendedor, vender X cantidad no es un propósito, ya que depende de que los clientes compren y que el producto sea competitivo. Hacer cincuenta contactos efectivos diarios sí es un propósito, al igual que llegar temprano a oficina o visitar tres clientes diarios.

3. **Seguimiento**. Diseña un tablero de indicadores donde escribas cada día si cumpliste o no. Ponlo en un lugar visible. Toma

decisiones con base en él, si estás cumpliendo tus propósitos y no llegas a la meta, ajusta los propósitos hasta que estos te lleven a la meta.

Ejemplo personal:

- **Meta.** Bajar cinco kilos de peso. Si lo dejas sin acciones, se quedará en sueño y no sucederá.
- **Propósito 1.** Caminar cinco kilómetros cinco veces a la semana.
- **Propósito 2.** Comer seis días a la semana menos de mil quinientas calorías diarias.

Si cumples tus propósitos y no llegas a la meta, ajústalos.

Ejemplo Empresarial:

- **Meta.** Vender cien millones.
- **Propósito 1.** Implementar un proceso de innovación en productos y generar un producto trimestral nuevo.
- **Propósito 2.** Diseñar e implementar nueva estrategia comercial que sustente la meta.

Cumplir los propósitos contigo mismo te convertirá en una mejor persona. Si lo conviertes en hábito, llegarás a donde te lo propongas.

Decía Henry Ford: "La visión sin ejecución es sólo una alucinación".

Ley de la necesidad

Leyendo a Jeb Blount, autor de libros de ventas, me encontré con un concepto llamado ley de la necesidad. Básicamente, dice que entre más deseas algo, más difícil es conseguirlo. Esto debido a que trabajar bajo presión dificulta la consecución de resultados. La ley plantea este problema en vendedores que dejan de prospectar, generando caída en ventas, que a su vez genera estrés, dificultando aún más vender, cayendo en un círculo destructivo. La solución del autor es evitar este escenario, no dejando de prospectar. En lo general, coincido en los dos elementos base que forman esta ley:

- Si dejas de prospectar tarde o temprano tendrás una crisis.
- Si trabajas bajo presión, menos probabilidad de lograr las metas.

Sin embargo, hay veces que aunque no dejes de prospectar, los resultados no llegan, ¿qué hago en esa situación?

Antes que nada, revisa cómo estás con relación a la presión para vender. La lógica indica que entre más prospectes, más vendes y esto es cierto... a menos que esta presión por resultados te afecte. ¿Cómo puede ser posible esto? La presión no genera negocio sino estrés y este a su vez manda una señal a las glándulas suprarrenales liberando cortisol en tu cuerpo.

Esta reacción nos ha permitido sobrevivir como especie por cientos de miles de años porque es el mismo sistema activado en nuestros antepasados cuando se encontraban en presencia de alguna amenaza mortal, por ejemplo un tigre dientes de sable. Esta señal de alarma, o estrés términos modernos, hace que la sangre se vaya a las piernas y brazos para correr o pelear respectivamente. Dicha sangre es tomada del cerebro y del estómago, ya que a nadie se le ocurre ponerse a negociar con el tigre o pararse a comer mientras es perseguido. Con menos sangre en el cerebro, pierdes capacidad de tomar buenas decisiones. El primer paso debe de ser mantener la calma y estar en capacidad de pensar efectivamente.

El siguiente paso es hacer una revisión de los siguientes bloques estratégicos: Mercado y Producto, que forman el CGP, así como Conocimiento y Comercialización, que forman el CCO.

- **Mercado**. ¿Estamos prospectando a los clientes potenciales correctos? Los mercados están cambiando rápidamente y tenemos que adaptarnos identificando dónde están realmente nuestras oportunidades. Tal vez ahora los clientes potenciales se dedican a otra cosa, sean de diferente tamaño, se encuentren en otras ciudades, etcétera.

- **Producto**. ¿Nuestro producto ha perdido competitividad? En esta época la tecnología está redefiniendo todas las industrias. Todas las empresas que no estén pensando en innovar sus productos, pronto estarán fuera de mercado.

- **Conocimiento**. Es posible que no estés cerrando ventas por falta de aprender cosas nuevas respecto a tu industria, la de tus clientes, la competencia o ventas. Todo está en evolución, ¿y tú?

- **Comercialización**. ¿Es diferente tu forma de prospectar a la que tenías antes de la pandemia? Debes incorporar varios medios en combinación como redes sociales, *networking*, WhatsApp, expos, etcétera. Sólo así podrás generar confianza y avanzar en la prospección.

En el 2021, en Salexperts tuvimos récord histórico de ventas en el primer semestre, pero en el segundo el peor. No podíamos cerrar la venta de proyectos nuevos, pero la labor comercial había estado en las mejores manos trabajando con la intensidad necesaria. Hicimos el *checkup* anterior y las acciones que estábamos ejecutando eran estratégicamente correctas. Nos mantuvimos con calma y concentrados en la ejecución, con la confianza que era el rumbo correcto. Este año marcará un nuevo récord en ventas.

A veces las crisis llegan aunque estés haciendo lo correcto. No hay que desesperarse, ni mucho menos bajar la prospección, revisa la estrategia y sigue firme en la ejecución.

7 Paradigmas equivocados del líder comercial

66 Aquí todos los prospectos son importantes, así que Fabricio (el dueño) y yo (Mariela, la directora de una firma de asesoría a inmobiliarias) los atendemos de la misma manera, ya sean de $10 o $10,000". Le comenté que ese criterio podría generar dos problemas:

1. Los prospectos pequeños pueden acabar siendo no rentables al invertir demasiado tiempo de los principales recursos de la empresa.

1. Los prospectos grandes pueden acabar no notando todas las capacidades de la empresa al no recibir un trato diferenciado.

Le expliqué el modelo de intensidad de Salexperts donde se configura la actividad comercial y el actor de esta dependiendo de la clasificación del prospecto. Sin embargo, Mariela no cedió y repitió que: "Todos los clientes son importantes". Obviamente, mi punto no era contrario, sino simplemente que para tener efectividad y eficiencia en el área comercial había que diseñar la intensidad comercial en función de la oportunidad que representa el cliente.

Tomando esta experiencia, quise compartirte 7 paradigmas equivocados de los líderes comerciales:

1. Todos los clientes y prospectos deben recibir el mismo trato. Explicado al inicio.

2. Los vendedores a vender, dejemos que ingeniería (o equivalente) diseñe el producto. ¿Qué los productos no se diseñan en función de las necesidades de los clientes? ¿Qué los vendedores no son las personas más cercanas a ellos? Una labor muy importante del área comercial es retroalimentar a la organización para mejores o nuevos productos.

3. Todos los vendedores tienen que captar nuevos clientes (prospectar). ¿Qué sucede con los vendedores que atienden a los clientes más importantes? Si el modelo de intensidad indica que los clientes asignados en su cartera requieren de todo su tiempo para ser correctamente atendidos, al prospectar estará descuidándolos. Recordemos que alrededor del 90% de los ingresos de las empresas corresponden a clientes activos.

4. Las ventas de la empresa solo dependen del área comercial. ¿Y el producto o servicio no influye en la decisión de compra del cliente? En los nuevos diseños de áreas comerciales implementamos células interdisciplinarias enfocadas por tipo de clientes, donde participan ejecutivos de áreas de producto u operación.

5. Cada vez que mis vendedores llegan a la meta, se las subo para que le sigan echando ganas. El principal motivador de los equipos es precisamente el cumplimiento de metas, un equipo que no las cumple, es un equipo desmotivado. Claro, metas demasiado fáciles tampoco motivan la mejor versión del equipo.

6. A los vendedores solo les interesa el dinero, su comisión. Normalmente, los jefes (no líderes) que piensan así son a los que únicamente les interesa su resultado, no el de su equipo. A los vendedores, como a todos los seres humanos, les interesa y motiva el reconocimiento y sentido de pertenencia.

7. En ventas, el fin justifica los medios. Dar comisiones ilegales a compradores, descuentos ocultos al punto de la pérdida o cualquier mala praxis son inadmisibles para el líder y compromete a la organización en el largo plazo.

¿Quieres un mejor equipo de ventas?

Empieza por ti, conviértete en un mejor líder.

Market Share

D urante una conferencia a un grupo de empresarios, hicimos una encuesta para saber si tenían medidos ciertos factores de sus empresas. Dentro de estos elementos evaluados estaban el Market Share (participación de mercado) y otros como la cobertura, los decisores de compra del mercado meta, la intensidad del equipo comercial, etcétera. Sin que sea sorpresa para el equipo y para mí, el factor menos conocido fue el Market Share, siendo que el 80% de los asistentes no lo conocía para su propia empresa. Lo voy a decir muy claro: una estrategia comercial planteada sin conocer el Market Share, es como el barco que zarpa sin rumbo fijo.

En la consultoría hemos encontrado casos muy claros e interesantes, en donde el desconocimiento del Market Share lleva a empresarios a poner en riesgo la permanencia de sus empresas en el mercado. Te comparto dos casos en posición de mercado muy diferente, pero con decisiones estratégicas igual de cuestionables.

Caso 1. Un proveedor de suministros para la industria automotriz enfocada en el mercado en el noreste del país llevaba varios años sin crecimiento. Su estrategia durante ese tiempo había sido incrementar su fuerza de venta logrando crecer sus gastos, pero no sus ventas. Hicimos un ejercicio de dimensionamiento de mercado para calcular el Market Share y encontramos que este era de un impresionante 19% y el de su competidor más cercano solo el 10%, seguidos de otros con 6% y

3%. Con un Market Share grande en un mercado muy competido (ver índices de concentración industrial más adelante), el crecimiento era muy difícil. La solución planteada fue entrar a nuevos mercados, o sea geografías, donde sería más fácil el crecimiento que en la zona actual. Para determinar en cuál zona expandirse, realizamos un análisis de dimensionamiento de mercado y de competencia para así determinar el más fértil en el país.

Caso 2. El caso contrario al anterior, otro proveedor de soluciones de robótica para grandes industrias implementó una estrategia para salir de su zona de influencia actual y llegar a todo el territorio nacional. En su mercado original tenía un 3% de Market Share, siendo superado por otros ocho competidores. Con una participación tan baja y una posición tan débil en el mercado, nos parecía una decisión terrible. Si no somos capaces de crecer en nuestro mercado original, que es el que conocemos, ¿qué nos hace pensar que podemos competir mejor en uno que desconocemos y al que, además, será más caro llegar? La solución, cuando tienes un Market Share muy bajo, es crecer en el mercado donde compitas actualmente. Tal vez tu oferta de valor o tu forma de comercializar tenga que tener cambios importantes para construir una fórmula ganadora. Una alternativa a este escenario es que redefinas tu mercado meta, para alinear mejor tu oferta de valor, así como desarrollar más tu conocimiento del mercado, sus hábitos de consumo y la mejor forma para venderles.

Existen herramientas para saber si un mercado está muy competido. Una de ellas es el índice CR4 (nada que ver con CR7, Cristiano Ronaldo), el cual te dice que si sumas el Market Share de los 4 líderes y es superior a 60%, entonces no es muy competido y si es menor de 40% es muy competitivo. En el ejemplo del caso 1, y según este índice, el mercado era muy competido y además nuestro cliente era el líder. Una combinación que dificulta el crecimiento.

Resumen:

Si tienes **alto Market Share**: busca **otros mercados** o desarrolla **nuevos productos** para tu mercado actual.

Si tienes un bajo Market Share: desarrolla tus competencias comerciales, así como de producto o determina un nicho específico dentro de tu mercado donde puedas competir mejor.

El vendedor sabelotodo

Este artículo no habla de un vendedor sabelotodo que pretende tener todas las respuestas para los clientes, aunque para eso baje considerablemente el grado de confiabilidad de sus aseveraciones. Esto es obviamente muy malo, ya que la confianza es el principal factor para que los clientes nos compren.

En lugar de eso, este texto habla sobre los directores que, al no enfocar estratégicamente a su fuerza de venta, ponen a sus vendedores en la posición de tener que saber de todo para poder sobrevivir.

La idea del presente artículo surgió hace un par de días cuando platicaba con Carla, la dueña de una empresa que produce y comercializa productos plásticos. Me compartía que estaba teniendo problemas con el crecimiento en ventas de su empresa debido a la baja productividad de sus vendedores. Al cuestionarle sobre cómo tenía organizada su fuerza de venta, si por línea de producto, por localización, por tamaño o por tipo de los clientes; su respuesta fue que por ninguna de ellas. Los vendedores eran libres de vender a todo tipo de clientes, sin importar a que se dediquen, de que tamaño sean y de donde estén localizadas. En verdad tenían que ser vendedores sabelotodo para dominar todos los temas.

No lo podía creer. Siguieron veinte segundos de incómodo silencio mientras ponía orden en todas las ideas que me surgían sobre cómo esa era una mala idea.

Carla tiene una estrategia comercial que consiste en no tener estrategia. Método Montessori en la estrategia. De todas maneras le pedí que me explicara el motivo por el cual decidió implementar este plan. Dado que la considero una persona capaz y exitosa, probablemente esté observando algo que yo no. Su argumento fue que los vendedores aprendan de todos los negocios, así como de todos los tipos de procesos de compra.

Bueno, pues el argumento no está nada mal. Sin embargo, como todas las decisiones en la vida, todas tienen pros y contras. A continuación le mencioné los beneficios que tendría el enfocar a su fuerza de ventas:

- Conocer mejor las necesidades de algún tipo de clientes, por lo que podrían entender mejor que la competencia sus detonadores de compra.
- Al asignar mercados objetivos, el vendedor tiene una manera enfocada de buscar a las empresas más representativas a través de directorios, asociaciones, noticias, miembros de la industria, etcétera.
- Cuando la estructura comercial está en función de los tipos de clientes, los vendedores se convierten en fuente importante de retroalimentación para innovación de productos o lanzamiento de nuevos.

- Si especializamos fuerza comercial en las líneas de productos más sofisticados, se convierten en verdaderos consultores para sus clientes, generando relaciones a largo plazo.

Esta última le gustó a Carla:

- Con la cartera asignada por tipos de clientes, cuando el director encuentre que un prospecto importante no está siendo visitado, sabe perfectamente a quién pedirle cuentas. Responsabilidad de varios, responsabilidad de nadie.

Carla quedó convencida que los beneficios de enfocar estratégicamente a su fuerza de venta eran superiores a los de su esquema actual. Espero que si tome el consejo, se merece que le vaya mejor.

En estos tiempos de altísima competencia, de productos sustitutos, de alta tecnología que irrumpe en los mercados y los redefinen, no podemos sobrevivir sin enfocarnos y especializarnos. Esto ahora es más cierto que nunca, pero no ha dejado de ser un básico que podemos aplicar en todos los aspectos de nuestra vida. Sun Tzu ya nos lo dijo hace más de 2,200 años:

"Si tu enemigo se defiende en todos los flancos, en todos los flancos será débil".

5
PERSONA

Persona

Alguna vez leí en algún libro que los barcos llegan hasta donde la capacidad de la tripulación lo permite. La experiencia en Salexperts, tanto interna como en la implementación de todas las áreas comerciales donde hemos participado, no me deja la menor duda.

Enfocándonos en Salexperts, recordemos que las consultorías venden conocimiento. De tal manera que si todo el equipo no aprende continuamente, el producto que vendemos será de menor calidad, ya que el mundo y los negocios evolucionan rápidamente.

Por este motivo somos apasionados en aprender. Todos los miembros del equipo están comprometidos a leer un libro al mes como parte de su proceso de aprendizaje. También hemos desarrollado un club llamado KROW (Knowledge & Grow) en donde una vez a la semana tenemos una actividad de aprendizaje: puede ser la exposición del libro leído por parte de un compañero, la presentación de un invitado especialista en algún tema, ejercicios para resolver problemas Fermi (resolución de problemas difíciles con base a estimaciones) entre otras cosas valiosas para el crecimiento personal y profesional de los colaboradores.

El aprendizaje que nos sirve para ser mejores no sólo tiene que ver con temas de negocio, el desarrollo humano es un tema recurrente y prioritario en la empresa. ¿De qué nos sirve un alto grado de conocimiento ante un ambiente de estrés, desconfianza, falta de motivación o ambición? De nada absolutamente.

En Salexperts sabemos que las personas no cambian por un discurso de los jefes, lo hacen por convicción propia. Sabemos que para exigir, primero hay que dar y también reconocemos que la forma de mejorar la cultura en la organización es poniendo el ejemplo. Además, estamos firmemente convencidos que a las personas generosas les va bien en la vida y por eso damos todo por nuestros clientes, pero también por ayudar a nuestros compañeros, estamos llenos de miembros del equipo que realizan actividades para el bien de su comunidad.

De una manera sencilla, pero muy poderosa, en Salexperts tenemos sólo dos valores:

1. Honra tu palabra (ver artículo del mismo nombre). Cuando prometemos algo a un cliente o compañero, es palabra de honor, pero promovemos también cumplir los compromisos con uno mismo, ya que eso nos lleva a ser quien hemos decidido llegar a ser.

2. No dejes de aprender. En nuestro modelo de los dos ciclos de valor (ver artículo Ley de la necesidad) decimos que cuando un producto deja de mejorar, empieza a morir. De la misma manera aplica para cada persona: cuando dejamos de aprender, empezamos a morir sin darnos cuenta.

No tengo la menor duda: detrás de una gran empresa hay una gran cultura. Detrás de una gran cultura hay un gran líder.

Honra tu palabra

Hoy por la mañana, de hecho muy temprano, una nota en el periódico captó mi atención. Era una a la que ya había echado un vistazo el día anterior en línea; pero ahora le dediqué más tiempo, ya que se encontraba en la portada.

La nota —seguramente muchos de ustedes la leyeron— se refería a Alfonso Romo (Jefe de la Oficina de la Presidencia) quien admitía diferencias dentro del gabinete. Ahora que profundizaba en esta nota, encontré una parte que me pareció importantísima y donde hay mucho aprendizaje, tanto para empresas, como personas o países. Romo recordó que en la reunión de AMLO con Trump en Washington, fuera de protocolo, los empresarios estadounidenses le pidieron a él solo tres palabras: **HONREN LOS CONTRATOS**.

Este espacio ni es político ni económico; pero está por demás decir el gran impacto económico negativo que genera la pérdida de confianza de los inversionistas en un país. No hay crecimiento sin inversión y no hay inversión sin confianza. La confianza se pierde cuando no cumples tu palabra. La experiencia de los inversionistas en NAIM, Cervecería Constellation, Gasoductos, Energías renovables, etcétera, al cambiarles nuestro gobierno la jugada, ha generado en el mundo una gran pérdida de confianza en nuestro país.

Llevemos el caso a tu vida

Después de dieciocho años ayudando a empresas y personas a crecer, he leído y escuchado cualquier cantidad de tips de superación personal, y dentro de todo ese mar de tips, para mí hay sólo uno que te puede llevar a convertirte en quien decidas ser: HONRA TU PALABRA.

Hay dos ángulos para observar este hábito:

1.- Con los demás. Funciona de la misma manera que con el país; si no cumples los acuerdos con los demás, nadie querrá hacer negocios contigo porque temerán por su inversión. Si no cumples (por lo menos) las expectativas de tus clientes, perderán la confianza en tu marca y no regresarán.

En el plan personal es un poco más difícil, ¿qué pasa si pierdes la confianza de tu pareja?, ¿y la de tus padres o la de tus hijos?, ¿y la de tus amigos? Esta ruta te lleva a la soledad. En cambio, si cumples tus compromisos, y no me refiero a contratos solamente, sino también a expectativas generadas, ganarás confianza de los demás en ti y con ello inversión (traducida en interés, tiempo, recursos, etcétera). Si combinas este cumplimiento con estándares altos (pensar en grande, querer dejar el mundo mejor que como lo recibiste, etcétera), llevarás tu negocio y tus relaciones a un nivel superior.

2.- Contigo mismo. El día que honres cada acuerdo contigo mismo, ese día te convertirás en una máquina de cumplir metas. Ese día empezarás a adquirir la sabiduría que necesitas en tu camino al éxito, no fallarás en las acciones que requieres para conseguirlo y no dudaras en hacer la llamada a lo que llevas meses dándole vueltas y que, tal vez, nunca realices.

Honrar la palabra contigo mismo es lo más valioso porque no puedes repartir lo que no tienes. No puedes dar respeto a los demás si no te respetas a ti mismo, lo mismo que dicen del amor: el que no se ama, no puede amar a los demás.

Empieza haciendo pequeños compromisos contigo mismo: primero leer un libro cada dos meses, luego cada mes; primero caminar tres kilómetros, luego cuatro. Acostúmbrate a cumplir, conviértelo en un hábito, el éxito es el mejor motivador.

Considera que para cumplir lo que prometes, no debes prometer lo que no vas a cumplir. Más vale tener el valor de decirlo y así poder honrar tu palabra.

Encontré esta frase para despedir la columna, ya que transmite el mensaje que quiero ofrecerte:

El hombre que conoce lo externo es erudito.
El hombre que se conoce a sí mismo es sabio.
El hombre que conquista a los demás es poderoso.
El hombre que se conquista a sí mismo es invencible.

Tao-Te-Ching

Tu éxito se construye sobre los cimientos de honrar los compromisos contigo mismo. Empieza hoy.

S.A.R.A.

Me encuentro en la convención anual de un cliente, quien es líder en la solución de alta especialización en calidad de aire para diferentes industrias, como la farmacéutica o la automotriz. Platiqué con dos gerentes comerciales, y a ambos les pregunté sobre sus expectativas del 2022. Uno mencionaba lo difícil que estará debido a la políticas económica del gobierno actual, la crisis de los contenedores y la menor inversión nacional e internacional. El segundo veía un 2022 con gran posibilidad de crecimiento, debido a la oportunidad que representaba una nueva línea de productos en cierta zona de su región. El primero estaría contento si no bajaban sus ventas y el segundo esperaba crecer un 40%.

Bajo la misma situación, mismos productos y mismo mercado y, desde luego, mismo país, ¿cómo podían tener tan diferentes interpretaciones de la realidad y cuáles son los mensajes que están mandando sus cerebros?

Esto es gracias a S.A.R.A (Sistema de Activación Reticular Ascendente), conjunto difuso de neuronas situadas en el tronco del encéfalo y que tienen como función principal el mantenimiento del estado de alerta. Digamos que es un gran filtro que te ayuda a procesar la cantidad enorme de información que está a tu alrededor, que llega a través de cualquiera de los cinco sentidos, en función de tus necesidades, preocupaciones o sueños.

Cuando una madre duerme, despertará al menor ruido de su bebé, aún cuando permanece dormida durante la ruidosa fiesta del vecino. Cuando compras un carro deportivo rojo porque lo consideras único, de pronto empezarán a aparecer carros igualitos a tu alrededor y que no habías notado antes. S.A.R.A selecciona respecto a la información que te rodea, sólo la que es relevante al momento.

En un experimento fascinante, Ellen Langer (profesora de Harvard), quería responder a la pregunta: "Si llevamos la mente veinte años atrás, ¿el cuerpo reflejará el cambio?". Era 1979 y reclutó seis personas de entre setenta y seis y ochenta y ocho años para llevarlas a vivir una temporada en un espacio con decoración, ropa y programas de televisión que recreaban la época. Con esto logró que la mente de los voluntarios se creyera realmente estar veinte años atrás. La prueba duró una semana y al finalizar, después de rigurosas pruebas físicas, psicológicas y de memoria, el estado de ánimo, flexibilidad, resistencia e incluso la visión, habían mejorado en casi todos ellos.

S.A.R.A trabaja para ti y funcionará como un filtro que te hará ver lo que quieras ver. Una buena noticia es que S.A.R.A funciona automáticamente y conecta diferentes partes del cerebro para, por ejemplo, estar alerta ante peligros mientras duermes.

La mala noticia es que tendemos a utilizarla en nuestra contra. Cuando dices "es que no soy bueno para el deporte" o "no soy bueno en matemáticas " S.A.R.A se activará para demostrarte que tienes razón, encontrando evidencia de ello en cada momento.

La excelente noticia es que si deseas algo firmemente, con pasión y convicción, S.A.R.A te ayudará a darle forma, a encontrar oportunidades día a día para que logres convertir tu sueño en realidad.

Recuerdo cuando Kobe Bryant entró a los Lakers a los dieciocho años: todo mundo decía que sería el próximo Michael Jordan. En ese momento pensé: "si todos le dicen que será el mejor jugador del mundo, si se la cree y entrena para ello, seguramente lo logrará". Y así fue.

La realidad es que no tenemos muchas personas que nos estén diciendo lo exitosos que podemos ser, pero tampoco lo necesitamos. Todo empieza con que tú lo creas con convicción y dejes a S.A.R.A atender tu solicitud. Eso depende de ti. Tú decides.

S.A.R.A trabaja para ti y funcionará como un filtro que te hará ver lo que quieras ver. Una buena noticia es que S.A.R.A funciona automáticamente y conecta diferentes partes del cerebro para, por ejemplo, estar alerta ante peligros mientras duermes.

MIEDO

Hace tres meses tuve un sueño que me dio miedo. Estaba en una fiesta, parecía una boda, sentado alrededor de una mesa redonda. La mesa estaba medio vacía porque algunos compañeros de mesa estaban en la pista de baile. La mesa estaba en una orilla del salón de eventos, había buena iluminación, y las paredes eran blancas. Mientras observaba a la gente bailar, sentí una presencia sobre mi costado izquierdo y no debería de haber personas en ese lugar. Al voltear, vi a mi tío Emilio, un tío muy querido, hermano de mi papá, que falleció hace varios años.

Al verlo, se me quedó mirando con ojos de "tengo que decirte algo". Toda la conversación fue sin hablar. La mirada era de "... algo... *malo*", así que le pregunté si era una mala noticia y asintió.
—¿Quién? —pregunté.
—Tú —me respondió.
—¿Pronto?
—Este diciembre y estará feo —terminó de forma contundente.

Debo reconocer que me impactó tanto que organicé mi vida para no salir de viaje, ni subir cerros, ni hacer actividades riesgosas ese mes. No soy para nada supersticioso, ni ando intentando ver cosas extrasensoriales ni nada por el estilo. Siempre digo que apenas puedo con los vivos como para andar buscando fallecidos. Sin embargo, el sueño fue diferente a los que he tenido antes, se sintió como un mensaje importante que debía recibir, y a ello debo mi miedo.

Pasando los días me sentía mal por dejarme dominar por este. Entre muchas reflexiones, recordé una lección aprendida en luchas pasadas: "El miedo no es una elección, la cobardía ante el miedo, sí lo es". Nunca he dejado que el miedo sea mi consejero y no empezaré a estas alturas de la vida.

A partir de esa renovada perspectiva ante el sueño, he retomado acciones que hubieran sucedido sin este sueño: viajes, gimnasio, *hiking* y demás. Me falta subir una montaña que represente un reto. No quiero que me quede la duda: de si acaso lo dejé de hacer por cobardía. Eso sucederá pasado mañana, a cuatro días de que finalice diciembre. Así que si mi colaboración siguiente (en dos semanas) no se publica, quiere decir que el miedo sí guió mis acciones.

Importante: Si viajo o visito lugares públicos, es cuando es muy necesario, y con todas las precauciones sanitarias por COVID-19. La montaña que escogeré está dentro de mis capacidades. Una cosa es ser valiente y otra caer en la imprudencia. Para estar en esta situación, donde el miedo puede tomar el control, no debes recibir mensajes mientras duermes. Sin darnos cuenta, diario nos enfrentamos a nuestro miedo y, sin estar conscientes, lo dejamos decidir nuestro destino.

¿Tienes una idea de un negocio nuevo y nunca has encontrado "el momento ideal" para iniciarlo? ¿Miedo a comprometerte con tu éxito?

Vendedor, ¿vas por los clientes donde te sientes más cómodo o los que representan la principal oportunidad de crecer?

Empresario, sabes que podría funcionar el nuevo proyecto, pero, ¿ya no quieres volver a fallar?

En tu vida diaria, ¿está muy frío para salir a correr? ¿Te da miedo que te nieguen la oportunidad que deseas en tu trabajo? Esa chava que te ha gustado por tanto tiempo, ¿no preferirías que te rechazara ahora a que en veinte años te arrepientas por no haber preguntado?

Bezos de Amazon o Jobs de Apple tomaron riesgos y las empresas que iniciaron son las más grandes del mundo. Lo arriesgaron todo, el primero desde la cajuela de su auto y el segundo desde la cochera de su casa. Ambos tuvieron una visión y se comprometieron con ella. Visualizaron un mundo mejor con sus productos, no un mundo de riquezas para ellos. Una visión correcta te da riqueza, la riqueza no te da una visión. Que no te dé miedo perseguir tu visión, pero que te dé pánico si te das cuenta de que lo único que buscas es el dinero. Nada bueno puede pasar con ello. No decides tener miedo, pero siempre podrás decidir qué hacer con él.

Leonardo, el jardinero

Recuerdo que cuando era niño me gustaba platicar con personas mayores y aprender cosas nuevas de ellos. Uno de ellos era Leonardo, el jardinero. Mientras él cortaba el césped, conversábamos de su vida personal, de su trabajo y opinión en general.

Que él le fuera al América no era impedimento para esas largas conversaciones.

Leonardo era muy trabajador y tenía tres grandes sueños que, debido a su reciente matrimonio, compartía con su esposa: que sus hijos estudiaran en una universidad privada del mejor nivel; tener casa propia en una buena colonia, y conocer, junto con su esposa, otros países.

Para empezar a construir su meta, Leonardo empezó a echarle más ganas. Estaba decidido y comprometido con su éxito, así que no había barrera que le impidiera avanzar. Ahora trabajaba desde más temprano y terminaba más tarde; así que en lugar de tres jardines al día, ya podía completar cuatro. Las matemáticas no mentían, sus ingresos pudieron crecer un 33% (espero no hayan considerado 25 % como respuesta). Conforme se fueron estabilizando sus ingresos, su satisfacción subió, pero ¿con esto fue suficiente para cumplir sus sueños? Lamentablemente no, tal vez ni uno de los tres manifestados.

Entonces Leonardo pudo haber pensado que echarle ganas no servía para nada y que la vida era injusta. Afortunadamente, además de trabajador, era positivo, así que en lugar de darse por vencido pensó: "¿Qué más tengo que hacer para cumplir mis metas?" Bajo una lógica impecable concluyó: "Si la intensidad no es suficiente, tal vez deba aprender cosas nuevas para ser un mejor jardinero y ofrecer más servicios a mis clientes". Con esto lograría cobrar más a cada uno.

Leonardo comenzó a estudiar jardinería, floristería y paisajismo, así que pudo ofrecer a sus clientes más valor. Además de cortar el jardín, ahora ofrecía un servicio completo donde convertía el jardín de sus clientes en paisajes profesionales, no solamente jardines normales bien cortados. Su objetivo se logró, ahora podía cobrar 30% más a cada uno. Sus ingresos subieron 73%. ¿Eso era suficiente para cumplir sus metas? Tampoco.

Ahora debes pensar "Pues ya me perdí", Alberto va a salir con que Leonardo no puede ganar debido a que su sueño era imposible y hay que ponerse retos alcanzables. Pues no, sus metas NO eran demasiado altas, Leonardo quería una buena vida a la que cualquiera puede aspirar a tener. Claro, si está dispuesto a pagar el precio con sacrificio.

En este momento, Leonardo ya no podía trabajar más horas porque el día seguía teniendo veinticuatro. Había aprendido lo suficiente como para dar clases, pero su ingreso ya no podía crecer más. Se preguntaba: "¿Debo renunciar a mis sueños y a los de mi familia?"

La alta intensidad y el respetable conocimiento en jardinería que Leonardo estaba adquiriendo debía dirigirlo hacia mayores oportunidades. Lo que hacía y aprendía no lo llevaban a realizar su meta, ser jardinero ya no era suficiente.

En ese momento, tuvo la visión de tener su propia empresa, con muchos jardineros, y el conocimiento adquirido le permitía también tener su propio invernadero. Su intensidad y su conocimiento debían ser redirigidos. Leonardo tuvo que aprender liderazgo: cómo abrir empresas, modelos de negocios, cómo manejar un invernadero, etcétera; así como dedicar su intensidad en reclutar jardineros e incrementar sus ventas, entre otros. En esta etapa dejé de platicar con él y nunca más lo volví a ver, pero estoy convencido de que ha logrado conocer Europa y tener su empresa de jardinería, la cual seguramente es manejada por alguno de sus estudiados hijos.

El aprendizaje que nos deja Leonardo con su historia es:
- Echarle ganas no te asegura el éxito, pero si no le echas ganas sí te asegura el fracaso.
- Aprender continuamente siempre te abrirá nuevas oportunidades, no aprender te condena a la mediocridad.
- Analiza tus opciones estratégicas, asegúrate que tu esfuerzo y tu conocimiento esté dirigido hacia donde sea más fértil... muchas veces más fértil.

Frases no célebres

No por mucho madrugar amanece más temprano.

F ue la frase que utilizó Javier, joven y exitoso ejecutivo, cuando llegó seis minutos tarde a la junta comercial programada a las 8:00 am, donde participé como consultor externo. Dijo la frase con un aire de sabiduría sustentado por sus recientes éxitos en ventas y el aval de haber usado una frase que, por ser popular, se debería considerar incuestionable. Sus llegadas tarde y su falta de intensidad comercial ya eran de preocupación.

Al presenciar esto, muchos pensamientos cruzaron por mi mente, ninguno positivo. "Sin duda es un vendedor con gran potencial, pero con esa actitud no va a lograr desarrollarlo. No será exitoso, he visto muchos casos similares en mi vida", reflexioné.

También pensé que la frase era peligrosa en mentes que buscan la ley del mínimo esfuerzo. Parece darle permiso a la gente talentosa a no echarle ganas. Si eres talentoso, la intensidad hará que se multiplique el valor que le das al mercado, a tus clientes, a tu comunidad o tus seres queridos. *Crea fama y échate a dormir* es otra frase que atenta contra el potencial. El vendedor, que con el tiempo se vuelve experto, tiende a bajar la intensidad, condenándose a la mediocridad.

A partir de aquí empecé a repasar algunas frases que podrían destruir el potencial de las personas. Aquí algunos ejemplos:

Árbol que crece torcido, jamás su rama endereza. Qué tristeza que alguien se condene a sí mismo a la mediocridad por negarse a trabajar en corregir algún mal hábito, vicio o debilidad. Hay estudios que demuestran la neuroplasticidad (cómo a través de tu sistema de creencias puedes moldear tu cerebro), así que conformarse no debería ser la única respuesta.

Entrando en este campo, la neurogenésis (capacidad de desarrollar nuevas neuronas) es muy posible llevando una vida activa y alimentación saludable. Sabiendo esto, la frase *el que nace pa´ maceta no pasa del corredor* también suena derrotista. Si un vendedor no ha sido exitoso, ¿no podrá aprender lo necesario y comprometerse con su intensidad comercial para serlo? Miles de potenciales empresarios con el conocimiento y contactos suficientes para triunfar nunca lo intentarán porque se consideran a sí mismos "macetas".

Ladrón que roba a ladrón tiene mil años de perdón. ¿En serio? Si escalamos este criterio, entonces todos nos robamos a todos y vivimos mil años perdonados por quién sabe quién. Bonito lugar para vivir y para hacer negocios. *Taparle el ojo al macho* es parte de este grupo.

El que es buen gallo en cualquier gallinero canta. Jim Collins, en su libro *How mighty fall,* nos dice que la primera fase para que las grandes empresas caigan es la **arrogancia**. Es cuando, por ser quienes son, piensan que pueden entrar a cualquier mercado o negocio sin enfoque estratégico. *El que nace pa' tamal del cielo le caen las hojas,* es otro ejemplo.

A qué le tiras cuando sueñas, mexicano. Las estadísticas indican que los mexicanos somos de los que más horas trabajan en el mundo. Si esa energía la dedicáramos más a perseguir nuestros sueños que nuestra supervivencia, seríamos potencia mundial. *Guajolote que se sale del corral, termina en el caldo,* es otra espantosa frase. Mexicano: ¡sueña! Y sueña en grande, pero nunca pienses que no por mucho madrugar, amanece más temprano.

Regresando a Javier, al final de la junta platiqué con él para hacerle ver todo lo que tiene por perder si no cambia su actitud. Él entendió y aceptó el mensaje comprometiéndose a *"echarle ganas"* para mejorar. Para cerrar el tema le dije: ya que eres bueno con las frases, confío que sí le echarás las ganas suficientes para lograrlo, porque recuerda *desde que se inventaron las excusas se acabaron los p...retextos.*

No es lo que predicas, es lo que toleras

Historia 1

Era el brindis de Navidad de una empresa de servicios y reinaba la armonía. Entrada la noche, y tal vez tomando valor con las copas que ya tenía encima, el mejor vendedor que había tenido la organización dijo sin más al director general: "tengo que reconocer que he estado vendiendo proyectos para otra empresa mientras trabajaba aquí, pero me he dado cuenta de que hice mal, a partir de ahora, estaré 100% con la empresa".

El director no supo qué decir ante semejante confesión. Decidió contener su coraje esa noche y al día siguiente decidió dar al vendedor una segunda oportunidad. Justificó su decisión pensando: "A fin de cuentas reconoció su error, es el hijo de un buen amigo y un excelente vendedor". Un año después, el vendedor salió de la empresa y encontraron en su computadora evidencia que demostraba que había seguido haciendo trabajo por su cuenta.

El director de la empresa de servicio siempre había promovido los valores en la organización, pero toleró el deshonor y eso es lo que obtuvo. Después de este evento aprendió la lección y decidió que simplemente no volvería a tolerar la falta de honor en su organización. La menor mentira tendría como consecuencia ya no poder formar parte de esa empresa.

Historia 2

Un medio de comunicación del Bajío realizó una importante inversión en sus productos. Requería que su director comercial reforzara su estructura con diez vendedores adicionales que generaran rápidamente mayores ingresos. El CEO, en su búsqueda por resultados, implementó juntas directivas en donde los directores reportan sus avances. Todos los directores lograron mejoras, excepto el director comercial. Este culpó a las demás áreas de sus problemas, alegando que él todo lo estaba haciendo correctamente.

El CEO, temeroso de perder a su director comercial y con él sus ventas actuales, permitió su falta de resultados e irresponsabilidad al culpar a otros.

Cuando fuimos invitados al proyecto, hablamos con el director comercial sobre su compromiso con resultados. No dejó de asegurar que él estaba haciendo todo lo necesario para lograr la meta y adjudicaba la responsabilidad de errores y resultados pobres a factores externos a su área. Nunca entendió que no es compatible "hacer todo bien" con no conseguir resultados. Al no encontrar un cambio de actitud, tuvimos que hablar con el CEO para hacerle ver las consecuencias terribles de permitir en su organización una cultura de falta de compromiso con el resultado. El director comercial fue despedido y asesoramos a la empresa durante el proceso de selección para encontrar una persona con mayor proactividad, trabajo en equipo y compromiso basado en resultados. Las ventas empezaron a subir rápidamente apegado al plan estratégico comercial.

En cuestión de cultura organizacional y todas sus posibles repercusiones en resultados, productividad y satisfacción laboral, hay pocas y muy importantes cuestiones que simplemente no puedes tolerar.

Por mi parte, como director de Salexperts, la lista de lo que no se tolera es muy sencilla: las *mentiras,* no *cumplir acuerdos* y falta de hambre por *aprender*. Hay muchas más que realmente no me gustan, como perder el tiempo en pláticas improductivas y procrastinar, entre otras; aunque esas sí las puedo tolerar. Las tres de arriba, simplemente no se toleran y punto final.

Encuentra esas dos o tres actitudes positivas en tu empresa que consideres las más importantes. Seguramente serán esas que no te has cansado de predicar sin resultados. Cuando te comprometas a no tolerarlas, estarás construyendo una cultura de excelencia.

Si lo aplicas en tu familia, construirás valores y si lo haces en tu persona, te convertirás en la persona que quieres ser.

Positividad

A l amanecer del 3 de septiembre del año 12,214 A.C., un antepasado tuyo salía de la cueva donde vivía con su pequeña tribu. Llevaban algunos días viviendo de la recolección de tunas, bellotas, semillas y raíces; el objetivo del día era cazar algún jabalí o venado para complementar su dieta.

Se abría paso entre la espesa maleza del terreno y, al retirar un arbusto, queda frente a él un tigre dientes de sable. La señal de alarma ante el peligro del medio ambiente genera cambios importantes e inmediatos en su cuerpo. La amígdala, o sea su cerebro reptil, activa una señal de alarma que estimula las glándulas suprarrenales y estas liberan una carga importante de adrenalina y cortisol.

Este sistema natural de defensa hace que toda la sangre disponible se dirija a donde se requiere en ese momento: ¡a las piernas! El cuerpo de tu antepasado se ha activado para salvarle la vida y gracias a eso puedes estar leyendo este artículo. Pero existen dos grandes problemas: al enviar sangre extra a las piernas se disminuyó el flujo hacia el cerebro y el sistema digestivo, ocasionando menor capacidad de procesamiento y trastornos digestivos respectivamente; además de que el cortisol y la adrenalina constantes afectan negativamente al sistema inmune, permitiendo más infecciones e incrementando las posibilidades de tener cáncer.

Como anécdota prehistórica resulta fascinante y nos explica ese útil sistema de defensa que aún poseemos. Sin embargo, nuestra vida cotidiana ha cambiado un poco y en lugar de ser detonado por tigres dientes de sable, es activado por otros factores: presión laboral, incertidumbre financiera, pandemiasy hasta la alta exposición a redes sociales (las cuales funcionan veinticuatro horas al día, compáralo con los dos minutos que le llevó a tu antepasado escapar del peligro). Todo esto ocasiona que en esta época estemos mucho más deprimidos y enfermos que hace 14,235 años.

Empecé el artículo sobre positividad hablando del impacto que el negativismo puede producir en nuestro cuerpo. Hice esto porque, en general, vende más hacerte ver lo que puedes perder que lo que puedes ganar y mi propósito es venderte la idea de ser positivo. Así que la enseñanza central es: pierdes mucho con las emociones negativas, como estrés, ansiedad o miedo, ya que te afectan en algo básico: tu salud.

En esta época de pandemia, alta competencia, incertidumbre financiera, y otras muchas fuentes de estrés, debemos echar mano del autocontrol para enfrentar los sentimientos negativos. Usas el positividad cuando, ante las dificultades, decides pensar que SÍ puedes; cuando dejas de pensar en los "esto no tiene salida", a los "encontraré la manera de salir adelante"; cuando ves a las personas como aliadas, en lugar de enemigos; cuando eres generoso en lugar de interesado; y, principalmente, cuando en lugar de pensar en aquello de lo que careces, empiezas a agradecer por lo que sí tienes.

Cuando esos pensamientos positivos suceden, se ha demostrado en diferentes estudios, en tu cuerpo se producen cambios importantes: tu cuerpo genera endorfinas, serotonina y oxitocina, las cuales te ayudan a sentirte mejor, estimulan tu experiencia de felicidad, ayudan a tu sistema inmune e, inclusive, te ayudan a ser más inteligente, ya que se producen nuevas conexiones neuronales, como la neurogénesis (Ramón y Cajal).

¿Qué hacer para ser más positivos?

1. Comprométete contigo mismo a generar pensamientos positivos. Te va a costar trabajo al inicio, pero la práctica te ayudará.
2. Haz ejercicio. Se ha comprobado que es fuente importante de oxitocina.
3. Relaciónate con personas positivas, pues existen estudios que dicen que te acabas convirtiendo en las cinco personas con las que más convives.
4. Lee, estudia y escucha material positivo continuamente.
5. Medita, está comprobado que es una excelente manera de reducir el estrés.

No conozco a ninguna persona exitosa, ya sea vendedor, líder comercial o empresario, que no sea positivo.

Ser negativo no es una condena genética, ser positivo es una elección que puedes tomar hoy para tu transformación y, así, adaptarte a la selva moderna. Tú decides.

Generosidad post navideña

La Navidad es la época ideal para la generosidad. ¿Y los demás días? Ser generoso te ayudará a vender más, enfermarte menos, ser más feliz y vivir más tiempo. ¿Por qué no practicarlo todo el año?

El tema que les comparto surgió, además de la época navideña, por esta historia que me pasó hoy: me encontraba al final de una sesión de planeación de Cardiochavitos, una fundación que brinda oportunidades de vida a niños en situación vulnerable por problemas congénitos en el corazón. Sin ser parte de la sesión, entró un papá agradecido con muchas cajas de galletas para regalarlas a todos los asistentes. Esta era su forma de agradecer, como cada año, la ayuda que recibió para su hija por parte de esta fundación; la niña, tras estar muy delicada, ahora goza de buena salud.

La fundación cuenta con un gran talento que aporta su tiempo con generosidad, sin esperar beneficios personales a cambio, de la misma manera que el padre lleva las galletas por gratitud, la cual es piedra angular de la generosidad.

Generosidad para vender más

He escrito anteriormente un artículo sólo para este tema (salexperts.com), pero rescatemos algunos puntos relevantes.

Escuchar al cliente si eres vendedor, o al mercado si eres empresario, bajo un principio de generosidad, te ayudará a ofrecer soluciones reales y de largo plazo que te permitirán mantener una relación fructífera por muchos años. Recuerda que en la mayoría de las empresas los clientes leales representan un 90% de los ingresos.

Un vendedor o empresario que ayuda a sus colegas o amigos sin pedir nada a cambio, construirá a largo plazo una red de contactos agradecidos que podrían recomendarlo o terminar siendo clientes.

Un vendedor o empresario que sabe escuchar consejos (lo cual es generoso por el valor que concedes a quién te lo ofrece) será más sabio cada día y estará más cerca de sus metas.

Generosidad para ser más feliz

Lo sé, no tiene sentido económico: que si das parte de lo tuyo serás más feliz. Sin embargo, en años recientes la neurociencia ha evolucionado enormemente y nos ha ayudado a relacionar el impacto de las emociones o experiencias en el cerebro.

Aquí ofrezco un ejemplo de un estudio científico, además de las muchas caras felices que vi hoy en Cardiochavitos y recientemente en otras fundaciones como La Cima IAP o Cordem. Soyoung Park, del Departamento de Psicología de la Universidad de Lübeck en Alemania, dirigió un estudio que analizaba la actividad cerebral de cincuenta participantes. Los sujetos del experimento recibieron una suma de dinero durante cuatro semanas, aunque la mitad recibió la instrucción de gastarlo en ellos mismos y la otra mitad de gastarlo en otra persona.

Utilizando imágenes por resonancia magnética, los investigadores descubrieron que los participantes que habían gastado su dinero en otros también se mostraron más generosos a la hora de realizar otras tareas independientes, además, sus cerebros mostraron más actividad en un área vinculada con el sentimiento de felicidad.

Generosidad para vivir más y tener más salud

El doctor Waldinger, profesor de psiquiatría en la Escuela de Medicina de Harvard, dirige un estudio que, desde 1938, monitorea a doscientos sesenta y ocho estudiantes y sus descendientes para investigar sobre su salud y su felicidad. El estudio ha encontrado una correlación directa entre las relaciones con personas, la salud y la felicidad.

Para lograr esas relaciones, dentro o fuera de la familia, es importante tener empatía y ayudar a los demás en situaciones difíciles. Ambas cuestiones son producto de la generosidad.

Por último, es importante que no confundas generosidad con una transacción justa (doy, pero tú me das) ni tampoco con dar sobras. Al final, el beneficio llegará a ti con amistades, éxito, salud y vida.

Esta post navidad, regálate dar.

El que busca encuentra

"Tengo miedo por lo que podría ser el resultado anual del 2022, ya que las ventas en el primer trimestre del año estuvieron por debajo del presupuesto". Me comentó Ismael, el director comercial nacional de una empresa de productos dirigidos a la industria automotríz. Al escucharlo no pude evitar tener una epifanía. Rápidamente encontré el motivo. Hace pocos días, había escuchado un mensaje de El Papa que me había llamado mucho la atención por ser un mensaje pragmático de superación personal. El mensaje era: "La voz del enemigo te desvía del presente, quiere que te concentres en los temores del futuro y las tristezas del pasado. En cambio, la voz de Dios habla del presente: ahora puedes hacer el bien, ahora puedes ejercer la creatividad del amor".

Desde hace tiempo pienso que el mejor mensaje de superación personal lo puedes encontrar en la Biblia misma. Veamos por qué: por lo pronto, el mensaje para Ismael es que nada podemos hacer para cambiar el pasado y de nada sirve angustiarnos por el futuro. Mejor enfócate en lo que puedes hacer HOY para cambiar tu resultado, aunque Séneca lo dijo mejor: "Para ser felices necesitamos eliminar dos cosas: el temor de un mal futuro y el recuerdo de un mal pasado".

Te comparto algunas otras citas valiosas, las cuales comparo con otras equivalentes, pero de autores más recientes, y que podrían ayudar a tu desarrollo personal. Además, agregaré otra frase especial dirigida al equipo comercial desde la perspectiva de la labor de ventas y derivada de nuestra experiencia en Salexperts (SXP), como una humilde aportación al conocimiento que ellos nos ofrecen.

"Así también la fe, si no tiene obras, es muerta en sí misma".- Santiago 2:17.

"Tu actitud, no tu aptitud, determinarán tu altitud".- Zig Ziglar.

"Tu conocimiento no justifica tu falta de intensidad comercial".- SXP.

"¿De qué sirve ganar el mundo entero si se pierde la vida?".- Mateo 16:26.

"Quien se eleva demasiado cerca del sol con alas de oro las funde".- Shakespeare.

"No hay mayor desmotivador para el equipo comercial, que una meta imposible de alcanzar". - SXP.

"Hay más dicha en DAR que en RECIBIR".- Hechos 20:35.

"Piense en dar no como un deber, sino como un privilegio".- J.D. Rockefeller.

"La generosidad es la mejor guía para vender". SXP.

"El corazón inteligente busca conocimiento, más la boca de los necios se alimenta de necedades".- Proverbios 15:14.

"Los sabios son los que buscan la sabiduría; los necios piensan ya haberla encontrado.".- Napoleón.

"Si decides que sabes lo suficiente, el valor que aportas empezará a menguar".- SXP.

"Entonces te digo, pregunta, y te será dado; busca, y lo encontrarás; toca, y la puerta se abrirá para ti".- Mateo 7:8.

"Piensa, sueña, cree y atrévete".- Walt Disney.

"Dirige tu intensidad con conocimiento a las oportunidades más grandes y fértiles".- SXP.

Tanto en ventas como en la vida diaria, muchas veces, estamos buscando guía por muchos lados. Una buena parte de ésta, y sin duda la más importante, está dentro de nosotros. Aprovecha estos días de reflexión.

Después de una conversación profunda, Ismael entendió que para crecer como ejecutivo, debía hacerlo también como persona. La plática cerró con las siguientes citas:

"Si puedes creer, al que cree todo le es posible". Marcos 9:23.

"Si crees que puedes, tienes razón. Si crees que no puedes, también tienes razón".- Henry Ford.

"Que tengas el día que decidas tener". SXP.

Foxitis

Por Alberto Cárdenas Aldrete y Mauricio Cárdenas Aldrete

Un día viendo las noticias por CNN vi una nota donde apareció el término que refiere el título de este artículo. Me llamó la atención el término, pero al escuchar con atención, me dí cuenta que el término se relacionaba con el día que los manifestantes pro-Trump asaltaron el capitolio.

Los abogados de Anthony Antonio, un manifestante, argumentaron que presentaba un caso de *Foxitis*. Alegaron que el incidente fue ocasionado por sobre exposición al contenido de la cadena Fox, que falsamente argumentaba que las elecciones habían sido robadas, entre otras noticias similares que afectaron "gravemente" el estado mental de su cliente.

No podemos negar la responsabilidad de la cadena Fox en la falsedad de la información de Fox News, pero uno se pregunta: ¿esto justifica el asalto al Capitolio? ¿Los manifestantes son inocentes víctimas de un medio de comunicación?

A partir de ahora, *Foxitis* significará el síndrome de evadir importantes responsabilidades culpando a alguna idea, persona, elemento o circunstancia a la que una persona haya estado expuesto.

Así que no te preocupes: si te despiden del trabajo, sería culpa del capitalismo voraz que sólo persigue beneficios económicos. Si las ventas de tu empresa van mal, serían los chinos o productos baratos que inundan el mercado. El cierre de tu tienda, tú no fallaste, culpa a Mark Zuckerberg y su Facebook, que ahora es una plataforma de comercio electrónico gigante. Si tu empresa quiebra, no es que seas un mal directivo, es la falta de apoyos del gobierno y la 4T que no promueven la inversión.

¡Gracias por existir, Capìtalismo, China, 4T, Facebook y *Foxitis*! Por ustedes, ahora nos sentimos menos culpables. Y, por tanto, ¿más exitosos?

Las estrategias exitosas se basan en datos reales. La *Foxitis* parte de un hecho real, lo que no es correcto es que bajo este hecho se evada y transfiera la responsabilidad de nuestros actos y pensamientos. Imposible cambiar los hechos, pero si la forma de reaccionar ante éstos.

Durante esta pandemia, han cerrado cien mil restaurantes en México. Sin embargo, otros quinientos mil han logrado sobrevivir. Una buena parte de esta sobrevivencia fue gracias a la innovación de su menú y sus empaques, lo que detonó un negocio nuevo, creciente y rentable, de servicio a domicilio.

Entre enero y marzo de este año, veintiún ramas manufactureras del país (dos terceras partes del total de ellas, aproximadamente) han crecido respecto a la etapa prepandémica. Si sigues acusando al COVID-19 de la caída de tus ventas, tal vez tengas *Pandemitis*.

¿Eres un vendedor con *Foxitis*? ¿Cuáles de estas frases has dicho después de las palabras: *No vendí porque...*?

- El cliente no quiere comprar.
- La competencia está regalando el producto.
- Los clientes no valoran la calidad de nuestros productos.
- El vendedor de la competencia está dando moche.

Lo mejor que puedes hacer es enfocarte en las actividades que dependen de ti:

- Capacítate en nuevas tácticas para atender a tus clientes.
- Invierte tiempo en configurar soluciones más poderosas para tus clientes.
- Dedica tiempo a prospectar, calificar y buscar nuevos clientes.
- Pregunta a tus clientes qué más puedes ofrecerle.
- Invierte tiempo en investigación y desarrollo.
- Reinvéntate como persona, vendedor o empresario.

Si no logras cambiar algo externo que te afecta negativamente, no debes sentir culpabilidad. Pero si no cambias tú mismo, entonces sí deberías sentirla... y mucha.

El poder de tu imagen personal

Hace unos días, Andrés, que lidera una fuerza de ventas para bienes raíces, nos buscó solicitando apoyo para capacitar a su equipo. Trabajamos unos días en el diseño del temario donde incluimos temas como: atender un prospecto, preparar la primera cita, desarrollar propuestas impactantes, seguimientos, cierre de ventas, etcétera. Todo esto para que los asesores adquieran las herramientas, técnicas y conceptos necesarios para lograr una venta exitosa. Sorprendentemente, en la presentación de propuesta, Andrés comentó: "Me parece que mis asesores no dan importancia a su imagen personal, ¿consideras que debemos incluirlo?". Respondí que sí, con la siguiente explicación:

Si eres un reconocido empresario exitoso y Forbes te invita a una entrevista para hablar de tu trayectoria, no vas a llegar tarde, ni vas a ir vestido con jeans rotos, tampoco vas a llegar descuidado físicamente y menos saludar a tus entrevistadores de forma coloquial como: "Qué onda, ¿cómo andamos?" No porque esté mal, sino porque no es el momento ni el lugar para expresarnos de esa forma, ya que estaríamos logrando ante la audiencia poca credibilidad poniendo en duda ese "cargo tan importante". Por otro lado, tampoco deberías llegar vestido de gala, hablando de una manera tan formal como para la reina de Inglaterra; pero sí podemos presentar una imagen que te represente como lo que eres, que sea cómodo para ti y para tu entorno.

Hay algunos puntos importantes en tu comunicación que debes tomar en cuenta en tu día a día, ya que son parte de tu imagen personal:

Verbal. ¿La forma en la que estás comunicando tus ideas y opiniones está siendo emitida satisfactoriamente? Al momento de tener una mala experiencia con alguno de tus clientes, ¿cómo reaccionas ante esta, cuál es tu actitud?, ¿de qué forma escuchas la necesidad de tus clientes?

No verbales. ¿El coche en el que llegaste está limpio?, ¿La postura y la forma de caminar coincide con tu imagen profesional, segura y competente?, ¿utilizas tu sonrisa para dar accesibilidad en tu comunicación?, ¿cómo es tu contacto visual, acaso evades las miradas?

Conocimiento. Los vendedores deben ser y reflejar *expertise* en el beneficio de lo que venden y en las necesidades de quienes les compran. En la consultoría Salexperts no nos cansamos de repetir: creces o mueres. Y crecer es a través del aprendizaje constante. Una firma que vende conocimiento debe ser congruente con sus ideas.

Imagen digital. ¿Cómo estás presente en LinkedIn?, ¿qué publicaciones subes a Facebook?, ¿qué reels publicas en Instagram?, ¿es esa la imagen que quieres transmitir a tu audiencia?

Estos puntos los puedes aplicar de las siguientes formas:

Vendedor: La imagen personal adecuada para tu función dependerá de factores como: el mercado que atiendes, el producto que vendes y la empresa que representas. Como vendedor, tu imagen personal es muy importante, porque la confianza que genera tu imagen es parte del proceso de venta.

Empresario: Cada miembro de la empresa va a permear de forma positiva o negativa la imagen de la institución. Si un vendedor hace mal trabajo y deja una mala impresión a un cliente, este va a percibir negativamente a la empresa. Cuando vas al supermercado y la cajera te atiende mal, no cuentas tu experiencia diciendo: "Fulana de tal, la cajera de X supermercado me hizo y dijo tal"; más bien lo dices así: "Fui a X supermercado, no voy a regresar porque ahí te tratan mal".

Persona. Toma en cuenta que tu imagen personal debe estar alineada a tu esencia, a la persona que eres, a tu manera de pensar y cómo te gusta vivir.

La imagen personal es tu herramienta, trabaja en ella y úsala a tu favor.

Lo que dices sin hablar

La semana pasada recibimos la visita de un vendedor que nos daría una demostración de un sistema para la administración de firmas de consultoría. A pesar de que el producto parecía ser muy bueno, decidimos no comprar por la pésima labor de venta que hizo. Sin embargo, esto no fue consecuencia de lo que dijo, ya que los mensajes fueron los correctos y explicó correctamente los beneficios de su producto, sino que fue por lo que comunicó sin hablar. Durante el saludo su mano no fue firme, ni en ese momento ni durante su presentación hizo contacto visual y su vestimenta era inadecuadamente informal. En fin, su comunicación no verbal fue tan mala, que nos generó la desconfianza suficiente para no seguir adelante en el proceso.

La ciencia apoyaría nuestra decisión de no comprar. Según una famosa investigación de 1967, cuyos resultados siguen estando vigentes a nuestros días, el científico Albert Mehrabian concluyó que el 55% de nuestra comunicación está basada en el lenguaje corporal, el 38% en el tono de voz y solo el 7% restante en el mensaje propiamente.

Cuando hablamos con grupos de vendedores siempre incorporamos este tema con el apoyo de nuestro consultor experto en el tema para transmitirles el conocimiento y que ese 55% del impacto de su mensaje sea poderoso.

Él es Hugo Cantú, socio de la firma. Aquí algunas de sus recomendaciones:

- **La mirada/contacto visual:** es la comunicación no verbal más eficiente para reflejar interés, seguridad y comodidad. Podemos expresar si estamos seguros de lo que estamos diciendo y también si estamos contentos de estar interactuando con la otra persona.

- **Sonrisa:** es el canal de comunicación no verbal más poderoso que podemos tener, ya que utilizándola a nuestro favor podemos generar accesibilidad, empatía y un mayor acercamiento con la otra persona. Existe una conexión neurológica entre lo que hacemos y sentimos, así que aunque no te nazca al principio, sonríe. Tu mismo acabarás sintiéndote más feliz.

- **Saludo:** es el momento de determinar nuestra confianza y seguridad, saludar a alguien con un apretón de manos firme, manteniendo contacto visual y una sonrisa proyectará en la otra persona tu profesionalismo, seriedad y firmeza como primera impresión, teniendo una mayor apertura por parte de la otra persona durante su interacción.

- **Las manos/ademanes:** son un indicador de datos reveladores, ya que si abusamos de estos podemos transmitir ansiedad o nerviosismo; de lo contrario, si sabemos utilizarlos de manera correcta, mostrando las palmas de nuestras manos, inconscientemente estamos mostrando que no tenemos nada oculto y estamos en apertura 100% ante la otra persona.

- **Sentado:** es importante mantener una postura con la espalda recta y el rostro derecho para evitar transmitir cansancio, flojera o desinterés.

- **Proxémica:** hay que respetar los espacios de la otra persona. Mantenernos en la zona pública o social y no personal. (recomendable 2.5 m)
- **Parado:** es importante ser conscientes de nuestro cuerpo. Tener los hombros ligeramente hacia atrás, la espalda derecha y la cabeza ligeramente elevada (sin excederse para no caer en la arrogancia), con las piernas a la altura de los hombros bien anclados al piso transmitirá toda la seguridad deseada.

Una última recomendación es que no actúes intentando ser quien no eres, sino que sas congruente y reflejes lo bueno que hay en ti.

Dicen que no se debe de juzgar un libro por su portada. Estoy de acuerdo; sin embargo, dado que nuestro cerebro está programado naturalmente para encontrar señales en el medio ambiente, agregaría: una mala portada, podría impedir conocer el contenido.

Gracias

Por Alberto Cárdenas Aldrete y María Andrea Posada

Para el evento de aniversario número dieciocho de Salexperts invitamos a clientes, ex clientes e invitados especiales a un encuentro empresarial. La consultoría ya era mayor de edad, así que era una buena excusa para celebrar.

Al final del evento, me tocó dar un pequeño discurso. El tema que decidí fue: Agradecimiento. Seguramente pensarás: "Alberto se quebró la cabeza, el tema seleccionado está muy choteado". Y tienes razón, aunque algunas consideraciones hacen hacen de este Agradecimiento algo especial, es decir, algún aprendizaje obtendremos.

Hace nueve meses, Mauricio, uno de los cuatro socios de la firma, quien además es mi hermano, tres veces compadre, amigo y consultor clave de la consultoría, fue diagnosticado con cáncer. Algo similar pasó un año antes con María, nuestra querida directora de operaciones en CMDX. Ahora, ambos están dedicados a combatir la enfermedad; con la ayuda de Dios saldrán adelante, del mismo modo en que lo hemos hecho en tantas situaciones difíciles durante estos dieciocho años.

Siendo ambos personas clave, sobra decir el impacto negativo de su partida en la operación de la empresa. En lo personal, y como lo mencioné en el apartado PACO, mi hermano Francisco falleció en un accidente automovilístico el pasado 24 de diciembre.

Con estas situaciones tan difíciles, de las cuales ninguno merecía sufrirlas, no es sencillo, e incluso natural, dar gracias.

Melody Beattie, escritora estadounidense, dice: "La gratitud da sentido a nuestro pasado, trae paz para el día de hoy y crea una visión para el mañana". Cuando las cosas van bien, es fácil sentirse motivado y agradecido con la vida; cualquiera lo hace, no necesitas ser una persona especial. Cuando las cosas van mal, olvidas agradecer por lo que sí tienes y, en cambio, lamentas lo que perdiste.

Si quieres dejar el mundo un poco mejor que como lo recibiste, si realmente estás comprometido con ser quien estás predestinado a ser, entonces, cada problema que tengas será una oportunidad para ser una mejor persona. Esto se consigue aprendiendo y agradeciendo.

En los casos que comparto, detrás de Mauricio, María, y Paco, están sus hijos, los cuales gozan de perfecta salud y gran valor humano, legado de sus padres a través del ejemplo. ¿No es esto suficiente razón para estar agradecidos cada minuto del día?

Cuando pienso en la actitud sobre el agradecimiento, recuerdo el chiste del borrachito que se atora en las vías del tren y lo escucha aproximarse. Estando el tren cerca, promete a Dios dejar de fumar si le ayuda; no lo consigue, el tren sigue avanzando, de modo que promete dejar de beber; tampoco se zafa, entonces promete trabajar duro; ya con el tren encima, consigue soltarse y, al tiempo que caía, dice: "Déjalo, Diosito, ya me zafé solito".

Así nos pasa, cuando todo va bien, somos los héroes, cuando algo malo realmente sucede, Dios tiene la culpa.

Se ha demostrado científicamente que cuando estamos agradecidos o somos generosos (ambos están conectados), mandas el mensaje a tu cuerpo y mente que " todo está bien".

Y tu cuerpo genera hormonas como endorfinas, serotonina y oxitocina con las cuales te vuelves más sano, feliz e inteligente.

En Salexperts estamos agradecidos, ya que como consultores, tenemos la oportunidad de conocer a mucha gente valiosa y que nos ha invitado a trabajar con ellos, de aprender sobre muchas industrias, de conocer lugares, de brindar ayuda en la solución de problemas, y, como justo ahora, compartir este aprendizaje con quien quiera recibirlo. Así que, también, gracias a ti por leerme.

Conclusión

Como has leído, la misión de Salexperts es ayudar a las empresas a crecer, pero estamos conscientes que, para conseguirlo, las personas que forman esas organizaciones también tienen que crecer. Como mencioné anteriormente, esta colección de ideas toca temas para que el líder crezca, no sólo en estrategia, sino también como persona.

Nos ha tocado tener sesiones de arranque de proyecto con directores generales que muestran una clara falta de liderazgo; tan mala, que sabemos que no se van a dejar ayudar y que el proyecto tiene bajas probabilidades de éxito. Por otro lado, y gracias a Dios es la mayoría, nos ha tocado con directores con un buen liderazgo. Gracias a esto, seguimos dando la pelea después de 19 años.

Pero las ideas que aquí comparto, no son sólo para los directores. Muchas veces escribo pensando en qué va a ser valioso para mis hijos o mis colaboradores. El reto o la misión a conseguir puede ser de cualquier tamaño, no necesariamente del tamaño de una empresa. De la misma manera, las actitudes que se requieren para llegar a la meta no cambian de acuerdo al tamaño de esta.

Por lo tanto, este libro está pensado para cualquier persona, ya sea un vendedor, administrador, dueño de empresa o ama de casa.

Un concepto que seguramente encontraste en una gran cantidad de artículos es la generosidad, está reflejada en una misión de la empresa que se plantea en función de mejorar la vida de las personas u organizaciones y un desarrollo de productos basado en atender un segmento del mercado para serle realmente útil; por ejemplo, una venta, escuchando la necesidad antes de hablar de tu producto y otros ejemplos más.

Pero esta generosidad va más allá, realmente considero que también como personas tenemos que estar comprometidos en dejar el mundo mejor que como lo recibimos. Desde Salexperts, hemos ayudado a un buen número de organizaciones sin fines de lucro, de manera gratuita. En lo personal, me toca participar como consejero en varias fundaciones y, con mucho orgullo, ser el presidente fundador de Ser Filántropo desde el cual, y haciendo equipo con un grupo de amigos excepcionales, financiamos proyectos de organizaciones de la sociedad civil, donde pagamos educación a jóvenes de escasos recursos pero con enorme potencial, así como también salvamos vidas de niños sin acceso a sistema de salud.

Si eres de esas personas generosas que piensa que algún día hará alguna labor filantrópica, te invito a que lo hagas hoy. Si piensas que mañana será un mejor día para hacerlo, tal vez no lo hagas nunca.

Agradecimientos

A los clientes de Salexperts: toda la sabiduría que intento transmitir en estos artículos tiene como fuente la experiencia al lado de ellos.

Al equipo de Salexperts: esta empresa, sus proyectos y los artículos de este libro se sostienen en el gran talento y empuje del cual está formado.

A mis hijos, Claudio, Andrea y Marcelo, que son amigos y compañeros de aventuras, además mi fuente de fuerza y motivación, no hay palabras suficientes para agradecerles por su amor incondicional y apoyo.

A Martha por ser la fuente inagotable de inspiración. Su amor, apoyo y confianza en mí han sido fundamentales en este viaje literario.

Gracias a ti, lector, por permitirme ofrecerte algún pequeño aprendizaje a través de este libro.

www.ingramcontent.com/pod-product-compliance
Lightning Source LLC
Chambersburg PA
CBHW060826220526
45466CB00003B/992